兰考县农村能源革命试点

建设纪实

《兰考县农村能源革命试点建设纪实》编委会 组编

中国电力出版社
CHINA ELECTRIC POWER PRESS

图书在版编目（CIP）数据

兰考县农村能源革命试点建设纪实/《兰考县农村能源革命试点建设纪实》编委会组编. —北京：中国电力出版社，2022.3
ISBN 978-7-5198-6513-9

Ⅰ.①兰… Ⅱ.①兰… Ⅲ.①农村能源–能源发展–概况–兰考县 Ⅳ.①F323.214

中国版本图书馆 CIP 数据核字（2022）第 022735 号

出版发行：中国电力出版社
地　　址：北京市东城区北京站西街 19 号（邮政编码 100005）
网　　址：http://www.cepp.sgcc.com.cn
责任编辑：罗　艳（yan-luo@sgcc.com.cn）
责任校对：黄　蓓　常燕昆
装帧设计：张俊霞
责任印制：石　雷

印　　刷：北京瑞禾彩色印刷有限公司
版　　次：2022 年 3 月第一版
印　　次：2022 年 3 月北京第一次印刷
开　　本：710 毫米×1000 毫米　16 开本
印　　张：8.75
字　　数：102 千字
印　　数：0001—1000 册
定　　价：118.00 元

《兰考县农村能源革命试点建设纪实》
编 委 会

《兰考县农村能源革命试点建设纪实》
编写工作组

总策划	胡扬宇	杨跃武	
主　编	许晓晨	李文峰	
副主编	郑　罡	畅广辉	王雪林　李　明
编　写	徐　岚	许晓亮	朱军旗　刘海建
	李江涛	洪　浩	王世谦　杨　萌
	李　鹏	柴旭峥	张雪生　牛卫平
	马　杰	王洪林	夏厚杨　张丽玮
	王　卿	李寒雨	杨文超　刘洋天
	刘　航	于　疆	李俊杰　马浩博
	王昱清	孔真真	魏战忠　李娟娟
	王晓斌	娄莹莹	李　昊

前　言

　　兰考县，位于九曲黄河最后一道弯，是焦裕禄精神发源地，也是曾经的国家级贫困县，饱受内涝、盐碱、风沙"三害"之苦。2009年以来，习近平总书记三次亲赴兰考，作出了县域治理"三起来"、乡镇工作"三结合"的重要指示，并把兰考作为第二批党的群众路线教育实践活动联系点，揭开了兰考县域高质量发展新篇章。2017年3月27日，兰考正式脱贫摘帽，成为中国第一批仅有的两个摘帽县（市）之一。新时代的兰考，产业振兴号角越吹越响，社会治理方式不断革新，黄河岸边的兰考正在全面建设社会主义现代化国家的道路上阔步前行！

　　能源是国民经济和社会发展的重要基础。习近平总书记高度重视能源工作，提出了"四个革命、一个合作"能源安全新战略，是我国构建清洁低碳、安全高效现代能源体系的根本遵循，也是建设以新能源为主体的新型电力系统的指导思想。兰考是典型农业县，农林废弃物、畜禽养殖废弃物等可再生能源资源较为丰富，是河南农村的缩影，也是我国农村的典型样本和"试验田"。在兰考谋划开展农村能源革命试点，对推动县域能源生产、消费、技术、体制革命，建立经济可持续的清洁能源开发利用模式，构建现代农村能源体系，探索新时代县域能源转型新路子，保护城乡生态环境，建设美丽乡村，具有重大历史和现实意义。

为深入贯彻落实习近平总书记重要指示批示，在兰考率先做好农村能源革命试点工作，国家发展和改革委员会、国家能源局、河南省委省政府高度重视，河南省发展和改革委员会、河南省能源局、国网河南省电力公司、兰考县人民政府主动作为，勇担重责，多次深入一线调查研究，组织编制《兰考县农村能源革命试点建设总体方案（2017—2021）》（简称《总体方案》）。2017 年 12 月 24 日《总体方案》上报国家能源局，2018 年 7 月国家能源局复函，同意兰考开展农村能源革命试点。全国首个农村能源革命试点县正式破土而出！

2018 年以来，河南省发展和改革委员会、国网河南省电力公司、兰考县人民政府等多方深入贯彻"四个革命、一个合作"能源安全新战略、乡村振兴战略，积极推动农村资源能源化、用能低碳化、能源智慧化、发展普惠化"四化转型"路径实践，探索形成了一条以能源互联网引领农村能源转型变革的新路子，先后获得时任河南省省长尹弘、时任国家电网有限公司董事长毛伟明的高度肯定，为全国农村能源革命提供了"兰考模式"，为乡村振兴"农业强、农村美、农民富"目标提供了"兰考方案"。

为全面真实记录兰考县农村能源革命建设历程，我们组织编制了《兰考县农村能源革命试点建设纪实》一书，本书分为七章：第一章走进兰考，介绍了兰考的行政区划、灿烂文化和近年来的巨大变化；

第二章开篇布局谋发展,示范引领树典范,介绍了兰考农村能源革命试点的指导思想和实践路径;第三章～第六章系统介绍了兰考在农村能源供给革命、消费革命、技术革命、体制革命建设的具体做法及建设成效;第七章建设展望,描绘了兰考农村能源革命未来发展蓝图。

本书将三年多来兰考农村能源革命试点建设历程进行了汇编记录。本书在资料整理汇总、编写审核中,得到了河南省发展和改革委员会、河南省能源局、国网河南省电力公司、兰考县人民政府等单位的大力支持,提出了许多宝贵的修改意见,中国电力出版社对本书出版付出了大量心血,在此表示衷心的感谢!

编写工作难免有疏误之处,如有遗漏,竭诚欢迎读者批评指正。

《兰考县农村能源革命试点建设纪实》编委会

2021 年 12 月

目 录

前言

第一章　走进兰考

兰考，古为户牖，门窗肇始之地，中国家居鼻祖之乡，秦置谷县，经由东昏、葵丘、兰阳、仪封、考城诸县分合演变而来。1954年，兰封、考城两县合并为今天的兰考。

汉相陈平，谋圣张良，"天下清官第一"张伯行……在这里青史留名。更有人民公仆、干部楷模焦裕禄，其"亲民爱民、艰苦奋斗、科学求实、迎难而上、无私奉献"的精神永放光芒。

长期以来，党和国家高度重视兰考经济社会发展，多位党和国家领导人先后到兰考考察，给兰考人民以极大的鞭策和鼓舞，指引兰考不断向前发展。2009年以来，习近平总书记三赴兰考，把兰考作为第二批党的群众路线教育实践活动联系点，作出了县域治理"三起来"和乡镇工作"三结合"的重要指示，为县域高质量发展指明了发展方向，掀开了兰考发展新篇章。

兰考广大干部群众牢记习近平总书记嘱托，传承弘扬焦裕禄"三股劲"精神，"十三五"规划目标任务总体完成，实现了从"兰考之问""兰考之干"到"兰考之变"，如期兑现了"三年脱贫、七年小康"的庄严承诺，在全国第一批率先实现脱贫，决胜全面建成小康社会取得决定性成就，走出了一条县域高质量发展的兰考特色之路。

第一节 行政区划

兰考县，地处九曲黄河最后一道弯，位于河南省东北部，介于北纬34°45′至35°41′和东经114°41′至115°15′之间，全县总面积1116.2平方千米，其中耕地面积785.8平方千米。辖3个街道（兰阳街道、桐乡街道、惠安街道），8个镇（堌阳镇、考城镇、南彰镇、红庙镇、谷营镇、小宋镇、东坝头镇、仪封镇），5个乡（葡萄架乡、许河乡、孟寨乡、闫楼乡、三义寨乡），1个产业集聚区（兰兴工业区），1个商务中心区，454个行政村。截至目前，兰考县常住人口77.73万人，城镇化率达到46.88%。

图1-1所示为九曲黄河最后一道弯。

图1-1 九曲黄河最后一道弯

　　兰考是河南"一极两圈三层"中的重要组成部分。兰考北、东与山东东明县、曹县接壤，东南、南与民权县、杞县相邻，西接开封市，西北隔黄河与封丘县、长垣县相望。兰考县处于开封、菏泽、商丘三角地带的中心地位。西距省会郑州110千米，距历史文化名城开封45千米，是豫东北通往鲁西南的重要门户，区位优越，交通便利，到达新郑国际机场仅需1个小时车程，到达世界不冻港口——连云港仅需4小时车程。东临京九铁路，西依京广铁路，陇海铁路穿境而过。220、310、106三条国道在县城交会，连霍、日南两条高速公路贯穿县境，在兰考设有3个高速出口。省、县、乡、村公路网络纵横交织，四通八达。徐兰高速铁路（徐兰客运专线）经过兰考，并在兰考建有客运站。

　　图1-2、图1-3所示为兰考县南高速路口、兰考南站高铁站。

图1-2　兰考县南高速路口

图 1-3　兰考南站高铁站

　　当前，兰考不仅是政治大县、精神地标、全国知名红色文化名城，也是国家园林县城、国家卫生县城、全国文明城市提名城市、省级生态县、全国双拥模范县、国家新型城镇化试点县、首批国家级生态保护与建设示范区、全国社会信用体系建设综合性示范试点县、全国首个普惠金融改革试验区、省级可持续发展实验区、河南改革发展和加强党的建设综合试验示范县、2019 年全国村庄清洁行动先进县、县城新型城镇化建设示范县。

　　图 1-4 所示为如今的兰考县桐花，图 1-5 所示为兰考县体育场。

图1-4　兰考县桐花

图1-5　兰考县体育场

第二节 灿 烂 文 化

兰考为"中原文化"之地、文荟之乡，文化积淀深厚。历史上曾涌现出许多文人志士和在此为官做事的外地贤达名人，他们不但留下了蜚声遐迩的政绩，还写下了许多名篇佳作。同时，历代留下的许多名胜古迹和传说典故，至今仍为人们怀念和称颂。

重文资教、蔚然承传。兰考县历来崇尚文化、重视教育，且素有讲学之风。远在春秋之季，就有孔子周游中原列国求学，由鲁适卫至南鄙仪邑村人请见的故事被载入史册。汉代的史弼讲学，有学生数百人。杨伦讲学，弟子达千人以上。由于历代重视文化教育，培养造就了许多文人志士。据不完全统计、兰考历史上辟荐、科举的人士达 1400 多人，其中进士、举人就有 319 人。考中文状元的有王鄂（元），考中武状元的有杨廷弼。

名著佳作，通古鉴今。历史上，市内文人志士的著作很多，据不完全统计约有 301 种。这些著作由于受社会时代的局限，带有很强的阶级性。有不少著作是对劳动人民受苦受难的同情和呐喊。

昔日胜迹，二十四景。勤劳智慧的兰考人民不但缔造了光辉灿烂的文化，而且还遗留下了无数宝贵的名胜古迹，但由于年代久远，许多名胜古迹被河水淹没，昔日的巍巍壮观荡然无存，只有空名或美谈流传下来，被后人称颂和怀念。最有名的是三景区二十四景：兰阳八景是秦台烟柳、马蹄渔唱、白山樵歌、韩陵晓月、黄河旧迹、东昏废城、留侯遗冢、陈平古庙；仪封八景是景文故宅、琉璃圣井、金花女营、归城晓月、栋宛春花、挖泥落雁、青陵樵唱、黄渡渔歌；考城八景是盟台夕照、仙观飞霞、江墓秋风、李祠雨露、傅塔明檐、梁村曲水、古道柳烟、沁河桃浪。

遗迹难觅、典故长存。兰考市境内有许多古迹，大多无迹可寻，但却留下了有趣的典故，至今仍令人们难以忘怀。较有名的古迹有请见亭、庄周故里、渡蚁桥、丁岗康王庙、老君堂、铜牙城、白茂岗、豹陵、尖冢等。

兰考，物华天宝，地灵人杰。在历史上，这里曾养育并造就了许多为中华民族的繁荣昌盛做出重要贡献的杰出人物。例如池子华、陈平、虞延、虞放、张从正、张世禄、王延相、刘大谟、张凼、王鹗、张百行、梁云构、杨廷弼、蔡谟、韩干、张昱、江淹、戴圣等，而在兰考做官和到过兰考的著名人物则更多，例如孔子、张良、宋祁、贾鲁、刘大夏、刘天和、林则徐等。

兰考亦是红色旅游地，历史文化悠久，旅游资源丰富，有焦裕禄纪念园、焦裕禄精神体验基地、兰考文化交流中心、东坝头黄河湾风景区、毛泽东主席视察黄河纪念亭等文化旅游景点。

图1-6所示为毛泽东主席视察黄河纪念亭，图1-7所示为兰考县文化交流中心焦裕禄塑像。

图1-6　毛泽东主席视察黄河纪念亭

图 1-7 兰考县文化交流中心焦裕禄塑像

第三节 奋 进 兰 考

一部兰考史，就是兰考人民与黄河洪涝灾害的斗争史。曾经的兰考，风沙、内涝、盐碱"三害"肆虐，给兰考人民带来了沉重灾难。新时代的兰考，广大干部群众牢记习近平总书记嘱托，传承弘扬焦裕禄"三股劲"精神，全面推进县域治理"三起来"和乡镇工作"三结合"重要指示，走出了一条县域高质量发展的兰考特色之路。

如今的兰考县城如图 1-8 所示。

图1-8　兰考县城

"十三五"期间，兰考 GDP 由 272.63 亿元提升至 383.24 亿元。2017 年 3 月 27 日，兰考正式脱贫摘帽，成为中国第一批仅有的两个摘帽县（市）之一，如期兑现了向习近平总书记做出的"三年脱贫、七年小康"的庄严承诺。

2021 年 2 月 25 日，在全国脱贫攻坚总结表彰大会上，习近平总书记亲自为兰考颁发"全国脱贫攻坚先进集体"奖牌。以兰考脱贫攻坚为题材的电影《千顷澄碧的时代》在全国公映。兰考被评为全国首批脱贫攻坚交流基地，兰考脱贫经验正从全国迈向世界。

如今，站在新的历史起点上，兰考坚持"党建引领、工业强县、生态优先、文旅融合、数字带动、治理创新"的战略思路，全面推进"拼搏兰考、开放兰考、生态兰考、幸福兰考"建设，产业振兴号角越吹越响，社会治理方式不断革新，黄河岸边的兰考成为郑汴兰一体化重要节点城市。

图1-9 所示为习近平总书记亲自为兰考颁发的"全国脱贫攻坚先进集体"奖牌。

图1-9　兰考获得"全国脱贫攻坚先进集体"奖牌

图1-10所示为如今的兰考黄河两岸。图1-11所示为兰考梦里张庄。

图1-10　兰考黄河两岸

图 1-11　兰考梦里张庄

第二章　开篇布局谋发展，示范引领树典范

　　农村能源是我国能源体系的重要组成部分，是建设美丽乡村、实现乡村振兴的重要物质基础。推进农村能源革命是解决农村能源发展问题的根本途径，是优化农村用能结构、提高农村用能效率、保护农村生态环境、完善农村基础设施的重要手段，也是推动城乡融合发展、推进农业农村现代化、构建清洁低碳安全高效的能源体系的重要途径，是关系全国近6亿农村人口民生福祉的重大战略问题。

　　兰考作为焦裕禄精神发源地，作为习近平总书记第二批党的群众路线教育实践活动联系点，在全国有着广泛而深远的影响。兰考是传统农区，风、光、地热等可再生资源以及农林废弃物、畜禽粪污等农村能源资源较为丰富，具有开展农村能源革命的基础和优势，在兰考开展能源革命试点工作，具有很强的典型性和示范意义。河南省发展和改革委员会、能源局积极向国家能源局汇报，提出在兰考率先打造全国农村能源革命示范县，协同多方，汇集众智，编制《总体方案》，为兰考农村能源革命示范指明了发展方向。

第一节　落实政策方针，主动作为敢担当

长期以来，我国农村地区处于"能源相对贫困"状态，尤其是清洁能源发展滞后。农村能源革命是贯彻落实党的十九大精神和习近平总书记能源安全新战略的重要内容，是实施乡村振兴战略的重要举措之一。兰考是我国农村样本，在兰考开展农村能源革命试点建设具有示范引领的重要意义。

一、方向明确，国家对农村能源转型提出明确要求

能源安全是关系国家经济社会发展的全局性、战略性问题，对国家繁荣发展、人民生活改善、社会长治久安至关重要。我国一直高度重视能源发展，出台多项政策支持农村能源健康发展。

2005 年，《中共中央关于制定国民经济和社会发展第十一个五年规划的建议》指出，大力普及农村沼气，积极发展适合农村特点的清洁能源。

2007 年，《中共中央　国务院关于积极发展现代农业扎实推进社会主义新农村建设的若干意见》指出，加快发展农村清洁能源，继续增加农村沼气建设投入，加快绿色能源示范县建设。加快实施乡村清洁工程，推进人畜便、农作物秸秆、生活垃圾和污水的综合治理和转化利用。

2008 年，《中共中央　国务院关于切实加强农业基础建设进一步促进农业发展农民增收的若干意见》指出，加强农村节能减排工作，鼓

励发展循环农业，推进以非粮油作物为主要原料的生物质能源研究和开发。

2012 年 8 月，国家能源局印发的《可再生能源发展"十二五"规划》指出，我国要合理开发利用地热能，统筹规划和有序开展地热直接利用，加快浅层地温能资源开发，适度发展各类地热能发电。

2014 年 6 月 13 日，习近平总书记主持召开中央财经领导小组第六次会议，提出"四个革命、一个合作"的中国能源安全发展新战略，为我国新时代能源发展指明了方向，开辟了能源高质量发展的新道路。

2016 年 12 月，国家发展和改革委员会、国家能源局印发《能源生产和消费革命战略（2016—2030）》，指出必须牢固树立和贯彻落实新发展理念，坚持以推进供给侧结构性改革为主线，把推进能源革命作为能源发展的国策，实现能源生产和消费方式根本性转变。

2018 年 6 月 13 日，国务院总理李克强主持召开国务院常务会议，指出要科学合理、循序渐进有效治理污染。坚持从实际出发，宜电则电、宜气则气、宜煤则煤、宜热则热，确保北方地区群众安全取暖过冬。

2021 年 3 月，全国"两会"通过《中华人民共和国国民经济和社会发展第十四个五年规划和 2035 年远景目标纲要》，指出推进能源革命，建设清洁低碳、安全高效的能源体系，提高能源供给保障能力。

2021 年 3 月 16 日，习近平总书记主持召开中央财经委员会第九次会议，指出"十四五"是碳达峰的关键期、窗口期，要构建清洁低碳安全高效的能源体系，控制化石能源总量，着力提高利用效能，实施可再生能源替代行动，深化电力体制改革，构建以新能源为主体的新型电力系统。

二、矛盾突出，推进兰考农村能源革命已迫在眉睫

农村能源建设是国家能源战略的重要组成部分，直接关系到农村经济发展和农民生活质量的改善，必须从全局和战略的高度，认真分析研究我国农村能源发展问题。

2016 年以前，兰考能源结构粗放，煤电和燃煤等高碳排放能源约占社会总耗能的 94.5%，达到排放标准的传统化石能源占比约 50%，清洁能源占比约 5.5%，能源结构调整迫在眉睫，能源发展面临一系列挑战。

一是农村潜在用能需求较强与能源基础设施建设薄弱之间矛盾突出。当前，农村居民对改善生活条件的要求越来越高，对高品质能源品种和先进用能方式的需求日益增长。2017 年前，兰考电力、天然气、供热等管网基础设施比较薄弱，供热用能以煤炭为主，无集中供热热源，存在供热锅炉容量小、供热规模小、污染严重、安全隐患突出等诸多问题，单位建筑面积采暖能耗相当于发达国家的 3 倍，能源利用效率与国外差距明显，与城市能源公共服务水平差距较大，难以满足乡村振兴发展的需要。

二是能源外引比例较高与本地资源开发不充分之间矛盾突出。兰考传统能源资源相对匮乏，天然气、煤炭、成品油以及 90% 的电力均需从县外引入，外引压力较大。而县域内相对丰富的风、光、生物质、地热等能源资源未得到充分开发利用。2017 年前，兰考风电暂未开

发,仅有兰考秸秆电厂和夜明珠光伏电站两座发电站,装机容量仅占全县用电负荷的 16.5%,发电量仅占全社会用电量的 12.5%。县城地热供暖面积 230 万平方米,乡村区域暂未启动。迫切需要加快清洁能源开发利用步伐,减轻能源外引压力,优化调整能源结构。

三是农村生产生活垃圾污染严重与废弃物资源化利用不高之间矛盾突出。由于没有足够财力支持,又缺乏科学、统一的规划布局,没有形成健全的收储运体系。一方面,农村生活垃圾、餐厨垃圾、畜禽粪便、旱厕粪污、屠宰场渣液、食品加工厂下脚料等乱排乱放,形成垃圾围村现象;另一方面,废弃物资源化利用途径单一、技术落后、经济性差、融资渠道不畅,项目建设滞后,导致废弃物资源化利用程度较低。

四是农村能源转型发展任务较重与体制机制不完善之间矛盾突出。随着乡村振兴战略加快实施,农村能源用能层次低、利用方式粗放等问题越来越突出,但相关体制机制不够完善,推动农村能源发展的内生动力不足。一方面,没有形成良性投资回报机制,市场化运作程度不够。末端用气量分散且总量较小,导致管网敷设成本高;燃气覆盖率较低,农村地区基本没有集中供气;工业天然气需要二次转换,运维和技术成本高。另一方面,对农村面源污染的约束机制还不健全,倒逼农村能源转型的压力不够。同时,农村能源发展相关激励引导机制顶层设计还不完善,尚未形成强大合力。

三、紧抓机遇,首开全国农村能源革命试点县先河

为深入贯彻落实习近平总书记"三个起来"要求,率先破解农村

能源发展难题，在国家发展和改革委员会、国家能源局关心下，在河南省发展和改革委员会、能源局指导下，兰考率先启动农村能源革命示范县建设，着力将农村能源革命试点建设与促进农业发展结合起来，与农民增收致富结合起来，与美丽乡村建设结合起来，与保护城乡生态环境结合起来，实现"农业强、农村美、农民富"的目标。

2016 年 6 月，河南省承担了中国工程院"中国农村能源革命与分布式低碳能源发展专题河南案例"课题研究工作，同时启动了试行"农村能源革命与河南农村可持续发展途径与模式研究"课题。重点研究如何通过实施农村能源革命来推动河南省农村可持续发展问题，提出实现农村能源革命的技术路线和政策保障措施。

2016 年 6 月 29 日，兰考县人民政府印发文件，成立河南农村新能源革命示范县区先行试点县工作领导小组，兰考县县长担任组长，下设办公室，办公地点设在县发展改革委，统筹开展各项工作。

2017 年 4 月，中国工程院杜祥琬院士带领课题组有关专家赴兰考，先后考察了兰考坝头丰华远景风电项目、谷营镇光伏小镇项目、中原油田第六社区地热供暖项目、光大垃圾处理厂在建项目、兰考职业技术学院地热冷暖双供在建项目等现场，深入了解兰考农村可再生能源利用现状和垃圾发电、生物质发电、地热利用项目建设情况。

图 2-1 所示为杜祥琬院士带领课题组专家赴兰考调研光伏小镇，图 2-2 所示为杜祥琬院士带领课题组专家赴兰考调研地热冷暖双供在建项目，图 2-3 所示为"中国农村能源革命与分布式低碳能源发展"课题研讨会在兰考举办。

图 2-1　杜祥琬院士带领课题组专家
赴兰考调研光伏小镇

图 2-2　杜祥琬院士带领课题组专家
赴兰考调研地热冷暖双供在建项目

图2-3 "中国农村能源革命与分布式低碳能源发展"
课题研讨会在兰考举办

2017年12月24日，河南省发展和改革委员会向国家能源局报送《总体方案》，提出了生物天然气开发利用、清洁供暖等八项重点任务。

2018年3月29日，国网河南省电力公司与兰考县政府沟通试点建设工作设想。5月31日，国网河南省电力公司董事长侯清国专赴兰考，与兰考县委书记蔡松涛举行会谈，表示全力支持兰考农村能源革命试点建设。

2018年7月，国家能源局正式批复兰考成为全国首个农村能源革命试点建设示范县，明确了推动农村能源"四个革命"和城乡废弃物能源化利用等五项重点任务，要求兰考探索新时代县域能源转型的新路子，总结经验，在河南乃至全国推广。

图2-4所示为河南省发展和改革委员会关于报送《总体方案》的请示。

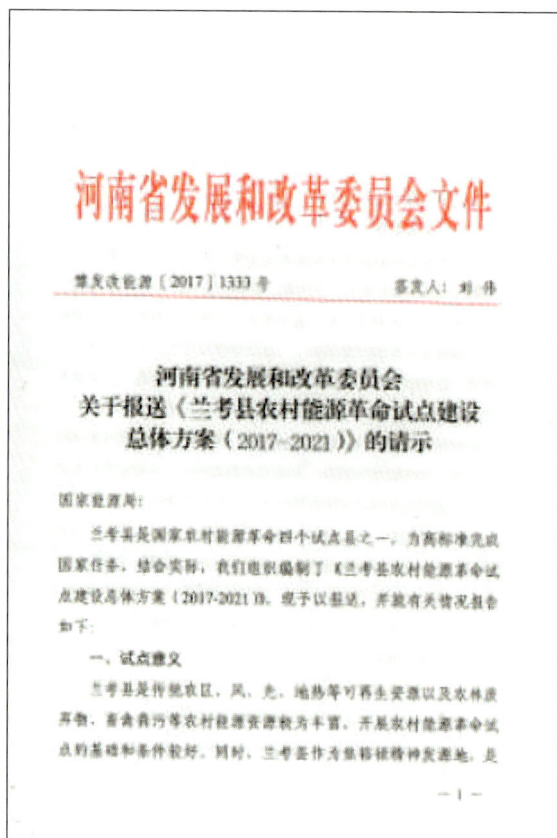

图2-4　河南省发展和改革委员关于报送
《总体方案》的请示

2018年8月17日，河南省发展与改革委员会向国网河南省电力公司发函，请协助编制《兰考县推动农村能源消费革命建设专项方案（2017—2021）》和《兰考县推动农村能源技术革命建设专项方案（2017—2021）》。国网河南省电力公司明确由发展部牵头，国网河南省电力公司经济技术研究院具体负责。

图2-5所示为国家能源局关于《总体方案》的复函。

图2-5　国家能源局关于《总体方案》的复函

2018年11月29日，河南省发展和改革委员会副主任、能源局局长高义在兰考主持了兰考农村能源革命试点建设启动会，杜祥琬院士应邀出席会议并讲话。中国工程院院士陈勇、国家能源局新能源司司长、河南省政府办公厅副秘书长等140余人参加会议。本次会议宣读了成立兰考农村能源革命专家委员会的决定，杜祥琬院士担任顾问，陈勇院士担任主任委员，十余位专家担任委员。

图2-6所示为兰考农村能源革命试点建设启动会现场。

图2-6　兰考农村能源革命试点建设启动会现场

至此，在国家发展和改革委员会、国家能源局、河南省委省政府高度重视下，中国工程院、河南省发展和改革委员会、河南省能源局、国网河南省电力公司、兰考县人民政府主动作为，勇担重责，全国首个农村能源革命试点建设工作全面铺开。

第二节　锚定攻坚方向，立言立行抓落实

河南省发展和改革委员会、河南省能源局、国网河南省电力公司、兰考县人民政府等多方深入贯彻"四个革命、一个合作"能源安全新战略，坚持六大原则，实施五个创新，锚定攻坚方向，立言立行抓落实。

一、贯彻国家战略，明确指导思想

全面贯彻习近平新时代中国特色社会主义思想和党的十九大精

神，按照习近平总书记对兰考"三个起来"的总体要求，坚持新发展理念，认真践行能源生产和消费革命战略，坚持资源能源化、供给多样化、生产清洁化、消费绿色化，以分布式、可再生、智能化为实施路径，创新能源生产、消费、配置、服务和产业协同发展模式，构建清洁、高效、经济、低碳、智能的农村能源供需体系，助力农民增收、农业增产和农村社会建设，推动乡村振兴战略实施，以农村能源互联网为载体，推动"四个革命"在县域落地、实现农村能源"四化"转型、为兰考提供"四电服务"。

二、坚持六大原则，确保纲举目张

（一）创新引领、多能互补

将发展清洁低碳能源作为调整农村能源供应结构的主攻方向，以生物质能、风能、太阳能等分布式能源开发利用为主，促进多能互补，推动实现就地开发、就地生产、就地消费，大幅提升能效水平；因地制宜选择合理技术路线，推动农村非化石能源实现跨越式发展。把创新作为推动农村能源革命的第一动力，完善体制机制，应用先进技术，全面实现能源清洁低碳发展，促进太阳能、风能、生物质能、地热能多能互补，大幅提升能效水平。

（二）城乡协同、重点突破

把乡村作为实施农村能源革命的重点，提高农村能源利用效率，推进能源梯级利用、循环利用和资源综合利用；优化能源消费结构，提升村镇优质用能水平，优先使用可再生能源电力，大力推进农村电采暖、绿色交通、农业电气化，推动农村旅游、农业生产、农民生活实现绿色节能。推动农村用能水平实现跨越式发展，同步提升城镇能源发展水平。选择资源条件较好的片区率先取得突破，逐步全县示范推广。

（三）因地制宜、分类推进

充分考虑城镇、乡村、产业的用能需求，结合不同品类能源资源的地理分布和开发特性，坚持以清洁低碳能源满足城镇化建设的能源增量需求，整合优势资源，分类设计能源生态体系实施路径，因地制宜选择合理技术路线，促进能源利用清洁转型，打造多元供应、清洁绿色的农村现代能源体系，以农村能源生态体系引领农村经济发展、产业转型。

（四）技术驱动、实用实效

依托能源互联网平台，因地制宜促进能源技术与"大云物移智链"等现代信息技术融合发展，充分运用互联网新技术推动能源基础设施提档升级；实现多种能源形态横向协同转化，"源—网—荷—储"纵向协调发展；深化平台功能应用，挖掘能源数据价值，面向政府、企业、居民提供多元化服务，打造能源"大众创业、万众创新"平台，探索能源领域众创众包众扶众筹。

（五）政府统筹、市场运营

按照政府推动、企业主导、市场运作思路，充分发挥政企协同和市场决定资源配置的作用，统筹推进农村能源生态体系建设。加强能源发展体系与经济社会发展体系相协调，政府相关部门体制机制创新，发挥政府在制度建设、政策保障、重大工程等方面的引导和推动作用；遵循市场规律、能源行业发展规律，充分发挥市场调节作用，激发市场主体参与农村能源生态体系建设积极性和主动性。

（六）惠民利民、共享发展

把农村能源生态体系与产业协同发展、美丽乡村建设、促进农民增收结合起来，服务"农业强、农村美、农民富"目标实现。强化能源基础设施和公共服务能力建设，提升农业现代化和新型城镇化建设支撑能力；提高能源普遍服务水平，降低社会综合用能成本，缩小城乡用电差距；探索能源开发收益共享机制，坚持农村能源现代化发展和脱贫攻坚有机结合。

三、明确主攻方向，实施五个创新

（一）坚持清洁绿色，创新能源生产模式

立足农村能源资源相对分散、品种多样的特点，就地取材，多能互补，统筹利用风、光、生物质、地热等可再生能源，丰富农村能源供给，满足农村清洁用能需求，促进农村逐步从能源消费终端向生产前端转变，加快推进畜禽粪污和垃圾资源化利用，解决资源浪费和环境污染问题，促进农业增产、农民增收和美丽

乡村建设。

（二）坚持节约低碳，创新能源消费模式

立足农村用能需求，逐步改变原有传统相对落后的用能形式，扩大电力、天然气等高品质能源消费规模，消除薪柴直接使用、燃煤分散燃烧等效率低、污染重的能源利用方式。瞄准生活、采暖、交通等重点用能领域，科学选择低碳、经济用能方式，强化配套基础设施建设，推动能源消费方式转变。

（三）坚持集约高效，创新能源配置模式

立足充分发挥市场在资源配置中的决定性作用，推动互联网、大数据、云计算等信息技术在能源领域广泛应用，提高能源发展的智能化水平，促进电力、燃气、热力等多种类型能源网络互联互通、形态协同转化，建设"源—网—荷—储"协调发展、集成互补的能源互联网，为加快建设能源市场奠定基础，保障农村能源新模式、新业态发展和新能源大规模接入需要。

（四）坚持普惠共享，创新能源服务模式

立足全面保障乡村振兴需要，切实提升农村能源普遍服务水平，加强乡镇电网改造和升级，提高供电质量和可靠性，做好电力供应保障。加快推动天然气管网向乡镇和中心村延伸，扩大天然气普及率。因地制宜推动清洁供暖和终端能源清洁替代，进一步改善农民用能条件和便利水平。提高均等化服务水平，缩小城乡生活用能差距，促进城乡一体化发展。

（五）坚持融合互济，创新产业协同发展模式

立足发挥能源对经济社会的支撑带动作用，把能源发展与促进农民增收、壮大集体经济结合起来，激发农村内生动力，服务美丽乡村建设，夯实基层组织基础；把能源发展与促进产业发展结合起来，在农村能源革命中充分考虑兰考现代农业、装备制造业和现代服务业发展需要，促进一二三产业融合发展，保障兰考实现"强县富民、同步小康"目标。

四、分项量化目标，打造全国典范

到 2021 年目标年，兰考新增能源需求全部实现清洁能源就地供应，基本实现资源能源化、供给多样化、生产清洁化、消费绿色化，建成多能互补、城乡统筹的农村能源革命典范。

（一）生态文明建设成效显著

到 2021 年，生活垃圾无害化处理率达到 94%以上，农作物秸秆、畜禽粪便资源化利用率达到 90%以上，公众绿色出行率达到80%以上，清洁供暖普及率达到 80%以上，农村居民生活环境明显改善。

（二）能源供给能力显著增强

到 2021 年，生物天然气产量达到县域用气需求的 70%以上，兰考县域社会用电量的 90%以上来自风能和太阳能等可再生能源发电，地热供暖面积达到总需求量的 30%以上。

（三）能源消费结构显著优化

到 2021 年，兰考可再生能源占比达到 60%以上，清洁能源占比达到 90%以上，薪柴和散烧煤在生活中的使用全部消除。

（四）打造全国农村能源互联网综合示范样板

到 2021 年，初步建成多能互补、城乡统筹的农村能源互联网建设典范。到 2025 年，建成兰考农村能源互联网。到 2035 年，全面建成兰考农村能源互联网。

第三节　聚焦核心重点，精准把脉树样板

聚焦重点难点，精准识别问题，围绕加快推进生物天然气开发利用、积极推进清洁供暖、着力推进生活垃圾资源化利用、合理推进太阳能开发建设、大力推进风能开发建设、全面推进绿色交通、精准推进美丽乡村建设、着力打造能源互联网平台八大任务，聚焦核心重点，精准把脉树样板。

一、实施八大任务，全面破解难题

（一）加快推进生物天然气开发利用

统筹规划布局，依托兰考丰富的玉米秸秆及畜禽粪便资源，着力推动生物质能源梯级利用，提高产品附加值，建设先进生物

质能利用示范基地，打造以生物天然气供应为主、管道天然气供应为辅、罐装液化气供应为补充的供气模式。

（二）积极推进清洁供暖

因地制宜推进兰考清洁供暖工作。根据城乡经济发展水平、群众承受能力、资源状况等因素，按照"企业为主、政府推动、居民可承受"的方针，宜气则气，宜电则电，尽可能利用清洁能源，提高清洁供暖比重。

科学选择清洁供暖方式。在县城和规模较大的乡镇优先开展地热集中供暖，在地热管网未覆盖区域整村推进双替代工程，加快构建以地热、电、天然气采暖为主，以秸秆炭采暖为辅的清洁取暖体系。通过集散结合，多能互补，进一步降低清洁供暖成本，提高清洁供暖普及率。

（三）着力推进生活垃圾资源化利用

加快生活垃圾无害化处理工程建设，提高无害化处理能力和运营管理水平，拓展服务范围，推进垃圾收运处理领域的市场化进程，实现生活垃圾源头分类，提高资源化利用水平，最终实现垃圾的减量化、资源化和无害化。

（四）合理推进太阳能开发建设

积极开展工业园区、公共设施及商业建筑屋顶分布式光伏发电应用示范区建设，充分利用乡村屋顶并结合新型城镇化建设、旧城镇改造、新农村建设、易地搬迁等统一规划建设分布式屋顶光伏工程。结合农业、畜牧养殖业等方式，因地制宜开展集中式"光伏+"应用工程，促进光伏发电与农业的有机融合，通过光伏发电为土地增值利用开拓新途径。同时，提高集中供热覆盖面，加快实施"煤改电"，原则上在有条件的地区（如学校、产业园区、行政机关等）全部采用电锅炉，充分利用光伏发电量，推动电采暖全覆盖，减少雾霾产生，提升空气质量，实现绿色可协调发展。

（五）大力推进风能开发建设

按照"统筹规划、生态优先、集散并举、有效利用"原则，加强风能资源勘测开发。兰考风力资源丰富，在不占用基本农田、不占生态林地、不影响气象生态的情况下，采用国内最新的低风速区120～140米高塔架、"环形空腔式PRC管桩基础"风力发电技术，有序开发风能资源。

（六）全面推进绿色交通

结合兰考交通运输发展规划，打造公交优先、慢行交通优先的低排放交通系统。按照"车、桩、场、储、媒、云"一体化的商业模式，实现车桩场联动、分时共享、智慧调度、信媒互融的绿色出行格局，提升兰考公共交通车辆驱动能源的清洁化占比。

（七）精准推进美丽乡村建设

按照美丽乡村建设的"净、通、绿、亮、文"五字方针要求，坚持以城市的标准规划农村、以社区的标准建设村庄、以市民的标准教育农民，将清洁能源的开发与乡村振兴战略相结合，提升建筑节能水平，调动农民参与农村能源革命的积极性和能动性，改善农村生产生活环境，建设美丽乡村，提高农民生活质量。

图2-7所示为兰考美丽乡村供电台区。

图2-7　兰考美丽乡村供电台区

（八）着力打造能源互联网平台

推进能源生产、消费智能化，促进能源与现代信息技术深度融合。围绕构建清洁低碳、安全高效的能源系统，以打造智能电网为核心，有效对接燃气管网、热力管网，建设互联互通的能源综合网络，促进多种能源形态协同转化，加快建设安全、可靠、快速双向通道，构建覆盖兰考全县统一能源互联网平台，实现新能源等多种能源信息共享，促进"源—网—荷—储"协调运行及可再生能源消纳，提供多能互补、能效管理、需求响应等多类型综合能源服务，培育智慧用能新模式，最终实现"三高两低一促进"目标，即提高本地能源开发利用水平、提高能源系统综合能效水平、提高能源服务水平、降低污染物排放、降低用能成本和促进经济社会可持续发展。

二、实施"四化"引领，探索转型新路

国网河南省电力公司以"打造全国农村能源互联网综合示范样板"为目标，全面实施十一项重点任务，推进能源互联网引领兰考农村能源革命试点。

（一）推进清洁能源足额消纳，促进能源生产清洁化

一是加快风电、光伏消纳配套电网工程建设。合理规划兰考 220 千伏站点接入新能源规模，优化 110 千伏电网潮流分布，支持兰考新能源有序发展。二是加强农村配电网建设，加快农村电网网架优化，全面提升农网供电能力和供电可靠性。三是提升新能源综合管理水平。提升新能源出力预测准确率，探索虚拟电厂在县域能源协调优化中的整体解决方案，扩大"源—网—荷—储"一体化运行试点范围，延伸"新能源云"部署，为兰考发电企业提供新能源项目并网、运维、交易、结算等业务一站式线上服务。

（二）推进设备状态全息感知，促进能源运行智慧化

一是推进输变电设备感知能力建设。加强重要输变电设备运行环境监控，实现输变电设备在线运行监控和智能分析预警，完成 35 千伏及以上变电站网络安全在线监测覆盖，开展安全生产风险管控平台延伸部署。二是推进配电设备感知能力建设。加快台区智能终端推广应用，建成国网智能融合终端实用化示范区；开展设备侧和客户侧感知设备有序接入物管平台，推进新增设备实物 ID 全覆盖，实施开闭所"一键顺控"示范改造，对 10 千伏线路开关进行智能化改造，提

升隐患（缺陷）自动识别水平。三是深度挖掘智能电表非计量功能。提升台区线损精益管理水平，变用户报修为主动抢修，示范实现100户居民家庭主要用电设备信息采集分析。四是推进配电抢修可视化建设。实现抢修服务可视化，缩短故障抢修时间，提高抢修人员现场作业效率。

（三）推进用能结构全新升级，促进能源消费电气化

一是做好乡村高效用电支撑。持续做好新增农田机井通电，保障休闲观光园区、乡村民俗发展用电，积极推动清洁能源车辆推广应用和充电基础设施建设协调发展。二是推进综合能源服务市场化拓展。示范企业主要用电信息采集到设备，全域用热、用气信息采集到户，选取办公楼宇等适宜场景，积极开展供冷供热、能源托管等综合能源服务市场化拓展，促进节能降耗和能源综合利用。三是深入摸排到乡镇、村庄，精准投资，制定兰考乡村振兴电网差异化建设方案，提升乡村电气化水平。

（四）推进营商环境全面优化，促进能源服务便利化

一是提升业务线上办理效率。开发"一机多用"智能作业终端。利用"互联网＋营销"优化管理流程，为客户提供报装、报修、查询等业务网上一站式服务。开展用电便民服务 APP 应用拓展，实现缴费、办电、能源服务业务"一网通办"，提升用能获得感。二是探索构建能源互联网生态圈。拓展兰考能源互联网平台功能，提升兰考能源数字化管理水平；持续强化"一库三中心"对外服务能力建设；持续丰富 APP 用能功能，增加用户黏性和用能趣味性。三是实现兰考能源互联网平台与新型供电所有

机融合。建设兰考桐乡新型供电所，在传统供电所业务基础上增加能源数据、配电运维等业务，实现功能有机融合，打造国家能源局农村能源革命和国家电网有限公司能源互联网综合示范项目的落地应用平台。

（五）建成兰考能源互联网运营指挥中心，做好属地运营基础配置

一是能源监测方面，新增兰考能源消费及碳排放监测，实现兰考农村能源革命试点建设数字化管理。二是运营指挥方面，开展源网荷储运营监测分析，实现电力生产（源侧）、传输（网侧）、消费（荷侧）、存储（储侧）全环节实时运行动态跟踪，为"源—网—荷—储"统一优化管理、运营服务提供支撑。三是公共服务方面，提升供电服务指挥能力，增加乡村振兴监测分析、碳交易模拟等功能，探索构建乡村振兴电力指数、空心化识别模型、返贫监测模型等系列乡村振兴成效评估工具并落地应用。

（六）加快电网生产数字化转型，引领数字化转型示范

一是研发县域能源互联网规划与运行仿真平台，构建农村能源互联网典型应用场景库，提升实验仿真能力。二是探索开展兰考数字孪生电网研究，打造电网规划可视应用平台。三是深化配电自动化系统应用，实现抢修全景可视化、指挥智能化。四是选取县城8个台区进行精品台区改造，实现台区故障精准感知、违章用电智能诊断、台区及分支线损分析等功能。五是加快企业经营数字化转型，开展兰考数字化综合审计试点建设，推进"e物资"移动应用、多维精益管理、人资2.0等业务系统在兰考试点应用。加快数字员工及坝头供电所、桐乡供电中心数字班组建设。

（七）开展配套体制试点，引领能源体制创新试点示范

一是推动出台虚拟电厂、储能试点参与调峰辅助服务市场和电力市场交易等支持政策，开展负荷聚合商与电网运行、新能源消纳配套研究，促进新能源消纳市场化运营。二是以电力行业为试点，上线模拟碳交易功能，完成碳排放权模拟交易研究报告编制，提出电力行业参与碳排放交易建议。三是加强商业模式探索。试点开展用户侧储能示范应用，探索台区分布式光伏和共享储能运营模式；开展基础资源共建共享，推进油田变电站多站融合建设；开展风电光伏场站、充电桩等设备集中监测，发布出力分析、低效告警等报告；开展客户能效诊断、用能优化、环保预警等能效管理服务及相关数据产品研发、推广。

（八）打造农村能源创新研究平台，提升示范效应

一是联合政府策划举办"中国农村能源变革与发展论坛"，发布《兰考农村能源革命白皮书》《农村能源互联网发展指标体系》等实践成果，争创全国示范样板。二是提前谋划，加快国网河南省电力公司农村能源互联网技术与应用实验室向省部级研究平台升级，擦亮示范应用品牌。三是谋划重大科技成果，丰富农村能源成果体系。

第三章 实现农村资源能源化，让兰考人民用足"本地能"

　　"推动农村能源生产革命，增加清洁能源供给""推进城乡废弃物能源化利用，促进美丽乡村建设"是兰考农村能源革命试点的两项重点建设任务，是探索新时代县域能源转型新路子的重要内容，对保护城乡生态环境、建设美丽乡村具有重大战略意义。

　　为此，在河南省发展和改革委员会、能源局牵头下，国网河南省电力公司、兰考县人民政府、新能源企业等多方协同，大力实施新能源电厂建设、垃圾和生物质发电厂建设、新能源发电送出配套、虚拟电厂示范建设、储能建设等多项行动，充分挖掘兰考风、光、生物质等可再生能源资源潜力，充分发挥电网优化资源配置平台作用，全面推进农村资源能源化，大力推动农村由消费终端向生产前端转变，实现兰考能源消费需求主要依靠本地清洁能源满足，初步建成多元驱动、清洁低碳、经济可持续的农村能源供给体系。

第一节　因地制宜分类开发，
推动清洁能源跨越式发展

兰考农村能源革命试点以来，可再生能源装机由 2017 年底的 31 万千瓦增加到目前的 105 万千瓦，4 年间增长近 3 倍，清洁能源开发取得跨越式发展。2021 年 3 月 2 日 8 时至 3 月 5 日 9 时，全国首次县域实现 3×24 小时全清洁能源供电。目前，兰考基本实现了从能源消费终端向生产前端的转变，探索出了一条可实现、可复制、可推广的可再生能源发展之路，有力促进了农业增产、农民增收和美丽乡村建设。

一、准确评估，摸清清洁能源资源全景图

依托国网河南省电力公司等单位专业力量，全面普查兰考能源资源条件，确定兰考县域太阳能、风能、生物质能、地热能、垃圾资源总量和分布，指导清洁能源有序开发利用。

（一）太阳能资源

兰考位于河南省东部，属河南省太阳能资源相对较丰富地区，大部分区域太阳年总辐射量在 4800～5000 兆焦/平方米之间，各月太阳水平辐射量在 226～590 兆焦/平方米之间变化，夏季最大，春、秋季次之，冬季最少，太阳能资源具有较好的开发前景。太阳能资源理论储量为 1.5 万亿千瓦·时/年，目前经济可开发量为 27 亿千瓦·时/年，折算至装机规模约 200 万千瓦。

（二）风能资源

兰考在河南省内属风能资源较为丰富的区域。目前县域内已设立多座测风塔开展测风工作。全县风向以东北偏北和西南偏南为主，风速自西北向东南呈逐渐降低的趋势，北部略优于南部，其中以谷营镇、东坝头镇一带最优。全县风功率密度等级为1级，120米高度平均风速约5.5~5.6米/秒，资源总储量为212万千瓦，经济可开发量不少于120万千瓦。

（三）生物质资源

兰考拥有丰富的农林资源，是著名的"泡桐之乡"。2019年全县粮食种植面积10.07万公顷，粮食产量57.6万吨，年可收集秸秆167万吨。全县林地面积23万亩，新增造林面积1.5万亩，其中，用材林0.7万亩，经济林0.8万亩，活立木蓄积量278万立方米，林业废弃物年产约2万吨，木材加工企业年产生物质底料约3万吨。畜禽粪便方面，畜禽粪便年产生量达144万吨。图3-1所示为河南中羊牧业有限公司兰考厂区。

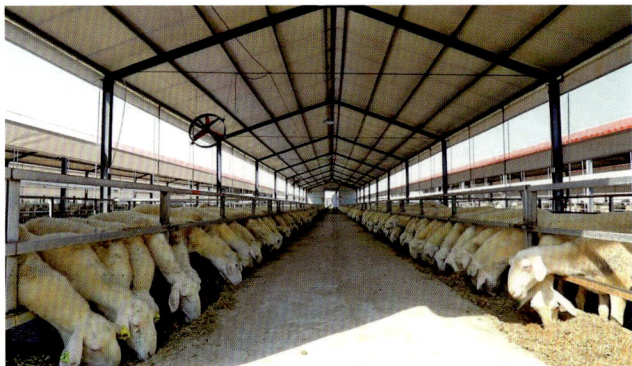

图3-1 河南中羊牧业有限公司兰考厂区

（四）地热能资源

兰考地热能源较丰富，资源总量为 270 万亿千焦，年可开采资源量约为 68 万亿千焦，已开发的地热井，流量可达到 126 立方米/小时，出水温度可以达到 72 摄氏度。地热类型属沉积盆地传导型，热源供给主要为大地热流传导，区域分布稳定，有利于地热资源的富集与储存。兰考县城的地温梯度，东部为 3.00～3.81 摄氏度/100 米，平均为 3.42 摄氏度/100 米，大于 3.50 摄氏度/100 米的范围为条带状，呈南北向展布；西部偏低，在 2.60～3.60 摄氏度/100 米之间，平均 3.19 摄氏度/100 米，大于 3.50 摄氏度/100 米的范围较小，呈东西向展布。

（五）垃圾资源

目前，兰考城乡生活垃圾处理主要采取填埋方式。城区垃圾经中转站统一运至垃圾填埋场处理。乡镇垃圾由移动垃圾箱收集，垃圾填埋场周边乡镇的生活垃圾运至垃圾处理场统一卫生填埋，其他乡镇生活垃圾收集后采用就近填埋的方式处置。根据兰考人口数、生活垃圾日产量参数取值及兰考城镇化率，2021 年兰考县实现年处理生活垃圾 21.9 万吨。

二、从无到有，风电开发取得突破式发展

全县风能资源的开发考虑"风电＋富民""风电＋旅游"和"风电＋交通"的因素，采用集中式和分布式开发的模式，整体规划布局。以科技创新为原动力，2017 年建成了我国商业化运行最高高度的风机，轮毂高度达到 140 米。

图 3-2 所示为与兰考田间融为一体的风力发电厂。

图 3-2　与兰考田间融为一体的风力发电厂

截至 2021 年底，全县累计并网风电 74.8 万千瓦，其中，集中式风电项目 9 个 71.7 万千瓦，分散式风电项目 3 个 3.1 万千瓦。截至 2021 年底，风电发电量 12.34 亿千瓦·时，占全县发电量的 71.56%，占全社会用电量的 62.53%。兰考风电并网项目情况如表 3-1 所示。

表 3-1　　　　　　兰考风电并网项目情况

序号	项目名称	电源类型	并网日期	装机容量（万千瓦）	电压等级（千伏）
1	东坝头风电	风电（分散式）	2017.09	1.1	35
2	广丰风电	风电（分散式）	2017.01	1	10
3	三义寨风电	风电（集中式）	2018.09	4.5	110
4	润桐风电	风电（分散式）	2018.09	1	10

续表

序号	项目名称	电源类型	并网日期	装机容量（万千瓦）	电压等级（千伏）
5	范寨风电（谷营风电）	风电（集中式）	2018.12	5.94	110
6	中广核仪封风电（泰丰）	风电（集中式）	2019.12	9.46	110
7	中广核兰考中原风电场（源丰）	风电（集中式）	2020.8	10	220
8	兰考兰熙风电场（宁安）	风电（集中式）	2020.9	5	110
9	中电投东坝头风电（旭冉）	风电（集中式）	2020.12	4.8	110
10	金风清电兰考县清兰风电场（荣昌）	风电（集中式）	2020.12	5	110
11	兰考广盛风电场	风电（集中式）	2021.08	7	220
12	兰考广兴风电场	风电（集中式）	2021.12	20	220
合计				74.8	

三、有序推进，光伏发电规模化效应初现

太阳能的开发综合考虑"光伏＋农业""光伏＋工业园区""光伏＋村（社区）"的模式，坚持集中式和分布式并重，积极探索光伏扶贫模式，鼓励使用市政建筑开发分布式光伏发电，2021年获批整县（市、区）屋顶分布式光伏开发试点资格。

图3－3所示为兰考森源集中式光伏发电站。

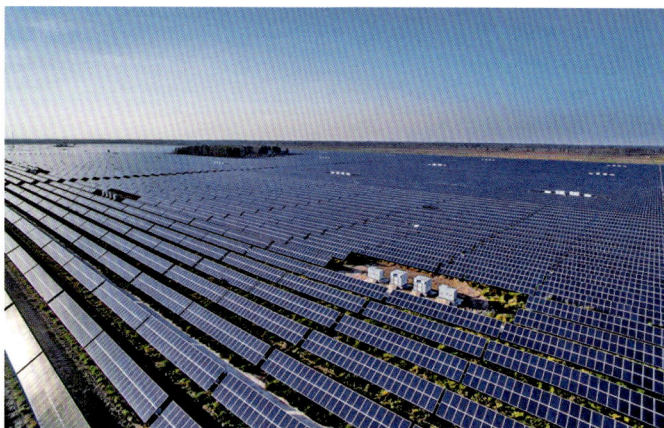

图 3-3　兰考森源集中式光伏发电站

截至 2021 年，光伏装机规模达 26.596 万千瓦，其中，集中式达 20 万千瓦，分布式达 6.596 万千瓦。光伏扶贫装机总容量为 3.56 万千瓦，为 6034 户群众带来持续收益。2021 年止，累计光伏发电量 2.88 亿千瓦·时，占全县发电量的 16.7%，占全社会用电量的 14.59%。

兰考光伏发电并网项目情况如表 3-2 所示。

表 3-2　　　　　　　兰考光伏发电并网项目情况

序号	项目名称	电源类型	并网日期	装机容量（万千瓦）	电压等级（千伏）
1	夜明珠光伏	分散式光伏	2013.12	1	10
2	森源光伏电站	集中式光伏	2017.11	20	110
3	技术学院分布式光伏	分散式光伏	2018.04	0.3	10
4	恒大屋顶光伏（皮阿诺）	分散式光伏	2019.02	0.356	10
5	恒大屋顶光伏（曲美）	分散式光伏	2019.05	0.198	10

续表

序号	项目名称	电源类型	并网日期	装机容量（万千瓦）	电压等级（千伏）
6	恒大屋顶光伏（喜临门）	分散式光伏	2019.07	0.289	10
7	恒大屋顶光伏（大自然）	分散式光伏	2019.1	0.323	10
8	恒大屋顶光伏（欧派）	分散式光伏	2019.12	0.299	10
9	光伏扶贫项目（6021 贫困户、3094 个接入点）	分散式光伏	2017.12	3.56	10/0.38/0.22
10	其他光伏	分散式光伏	—	0.271	—
合计				26.596	

四、综合开发，生物质资源利用显著提高

依托兰考县丰富的玉米秸秆及畜禽粪便资源，采用"预处理＋一体化厌氧发酵＋沼气净化提纯＋沼渣沼液综合利用"工艺，实现了玉米秸秆、畜禽粪便的无害化处理及资源化利用。

沼气经过进一步提纯制备生物天然气，并入燃气管网供给周边居民，或作为 CNG（车载天然气）输送至加气站，沼渣沼液经固液分离制备有机肥，用于生态农业。形成了以生物天然气供应为主、管道天然气供应为辅、罐装液化气供应为补充的供气模式。

将 25%的秸秆量用于养殖，养殖的畜禽粪便全部回收利用，剩余秸秆用于生物天然气的制作。示范建设仪封生物天然气厂，日产生物天然气 2.5 万立方米。建成投运 3 个畜禽粪污处理厂等重点工程，初

步形成"清洁能源＋农业产业化"模式。

图 3－4 所示为仪封生物天然气厂区效果图。

图 3－4　仪封生物天然气厂区效果图

建设 2.4 万千瓦生物质秸秆热电联产工程，年处理农林废弃物 40 万吨，为农民创收 8000 多万元。解决农村用工 1060 人左右，年减少 21.58 万吨 CO_2 当量排放。秸秆燃烧后的草木灰用于农作物化肥，每年 2 万吨锅炉废渣全部由兰考当地建筑材料公司回收，用于生产混凝土多孔环保砖。图 3－5 所示为兰考瑞华环保电力股份有限公司（秸秆电厂）。

图 3－5　兰考瑞华环保电力股份有限公司（秸秆电厂）

五、创新模式，生活垃圾实现能源化利用

以城乡生活垃圾能源化利用为抓手，通过政府培育环境、政策引导，激发市场主体活力，加快推进生活垃圾资源循环利用，有效消纳农村各类有机废弃物，促进了美丽乡村建设，服务了乡村振兴。

围绕持续改善城乡人居环境，探索形成"政府主导、财政支持、农民参与、市场运作"的模式，基本建立城乡生活垃圾"收－储－运"体系。按照"每300人1名保洁员、每40人1个移动垃圾箱、每1万人1辆自动压缩式运输车"标准配齐设备和人员，建成投运水平压缩式垃圾中转站40座，配置专业垃圾运输车辆92台，由专业垃圾收运企业负责城区和16个乡镇（办事处）生活垃圾运输工作，确保"垃圾不落地、日产日清"。

建设1.5万千瓦垃圾发电厂，年处理垃圾25万吨，在满足兰考县生活垃圾处理的基础上，与杞县等周边县区签订垃圾处理协议，发挥了区域带动作用。

图3-6所示为光大环保能源（兰考）有限公司垃圾电厂。

图3-6　光大环保能源（兰考）有限公司垃圾电厂

六、改善环境，清洁化供热格局基本形成

为推进深层地热供暖工程实施，兰考县政府专门成立地热开发利用领导小组——地热资源综合开发利用工作指挥部。2017 年 5 月，浙江陆特能源科技股份有限公司、中国石化集团新星石油有限责任公司河南分公司与河南省兰考县人民政府共同成功签订了《兰考县城地热资源综合开发利用合作协议》。2018 年 6 月，完成《兰考县地热能清洁供暖规模化利用试点方案》。自此，兰考开始了区域地热能的探索之路。

图 3-7 所示为兰考县地热资源综合开发利用项目签约会现场。

图 3-7　兰考县地热资源综合开发利用项目签约会现场

3 年来，兰考全面统筹、有序推进清洁供暖工程，通过采用"地热＋生态农业与旅游观光工程""地热＋供暖制冷工程"的地热资源开发模式，基本构建了"县城和乡镇中心社区以地热集中供暖为主，

农村地区优先发展电供暖"的清洁供暖格局。

图3-8所示为天蓝林绿的绿色美丽兰考。

图3-8　天蓝林绿的绿色美丽兰考

第二节　加强配套电网建设，
推动清洁能源无障碍送出

为解决兰考新能源规模井喷式增长带来的并网及消纳压力，国网河南省电力公司统筹协调各项工作有序开展，优化提升网架结构切实增强输送能力，实现了新能源有序发展、高效接入、足额消纳。

一、顶层设计，统筹协调消纳有序化开展

（一）组建专项工作小组，明确相关职责分工

国网开封供电公司制定专项行动方案，成立项目实施领导小组和

工作小组，确保各项工作顺利平稳推进。项目实施领导小组负责按照上级要求，部署工作任务，监督项目实施，解决项目开展过程中出现的重大问题。项目实施办公室负责开展兰考县新能源发展及消纳问题具体研究工作，按照进度计划确定各阶段的工作目标、时间节点、进度计划和重点任务；负责汇总并整理各部门提报的月度及年度累计新能源相关资料，编制促进新能源消纳月度例会报告并提报审议。项目专项工作小组以"实事求是，实用实效"为建设原则，细化任务、明确分工、责任到人、狠抓落实，统筹规划、多措并举积极落实各项重点工作。

（二）固化分析诊断机制，提高问题解决质效

国网开封供电公司形成和固化新能源消纳分析诊断工作机制，通过新能源消纳月度分析报告，逐月跟踪监测兰考县新能源工作成效，查摆存在问题。针对管理中存在的普遍性、突出性问题，及时开展专题研究，提出改善建议。同时要求各相关业务主体结合改善建议制定"路线图"，给出"时间表"，并跟踪落实解决情况，及时向领导小组反馈解决情况，确保问题及时解决，新能源消纳各项工作平稳畅通。

（三）科学制定发展规划，确保消纳有序发展

国网开封供电公司与国网河南省电力公司经济技术研究院加强合作，基于兰考县当地的新能源结构，结合指标批复情况，与政府深度合作，科学制定《兰考新能源发展规划》《兰考县电网发展规划（2018—2025）》，加强统一规划和平衡，科学确定新能源利用率目标，合理安排装机布局和逐年投产时序，及时向市场发布新能源新增并网

规模。增加调节手段，进一步提高电力系统调节能力。提高灵活性调节电源比重，加强需求侧响应相关政策、管理和技术措施研究，健全投资回报机制。提高兰考新能源入网技术标准，降低电网安全运行风险。参照常规电源技术标准，积极参与新能源入网技术标准制定、修订和完善；引导新能源发电从单纯注重电量消纳，向保障电网安全稳定和电力可靠供应并重转变。完善并衔接兰考相关配套政策，促进新能源消纳和发展，实现对新能源的科学规划、有序发展、高效利用。

图 3-9 所示为规划新建的兰考 220 千伏景文变电站。

图 3-9　规划新建的兰考 220 千伏景文变电站

二、精准施策，真抓实干加强并网工程建设

（一）立足实际着眼未来，加快电网改造升级

输电网方面，新建 220 千伏爱民变电站，为兰考西部工业园区提供了充足的电力保证。新建 220 千伏兰考东输变电工程，为兰考东部

地区大规模新能源项目顺利投运和全额消纳提供电网支撑。配电网方面，加强 10 千伏线路和配电台区建设，加快建设形成"布局合理、技术适用、供电质量高、电能损耗低"的兰考新型配电网。

图 3-10 所示为规划新建的兰考 220 千伏爱民变电站。

图 3-10　规划新建的兰考 220 千伏爱民变电站

（二）积极出台管理规定，规范落实接入方式

贯彻落实国家要求，国网开封供电公司进一步规范兰考县新能源接入系统的申请、受理和评审工作，调整新能源可接入电压等级和接入范围。在新能源项目接入系统评审时，制定同一区域新能源接入采用集中接入的原则，充分利用线路走廊、变电站间隔和线路输送能力，有效提高资源利用效率，在电网可消纳能力范围内接入更多的新能源项目。针对部分新能源项目审而不建，长期占用公用变电站间隔和线路走廊，影响其他项目后续接入的问题，按照兰考县政府提出的计划投产时间设定为评审意见的有效期，开封供电公司要求没有按计划投产时间并网的开发商应在计划投产时间之后 90 日内向开封供电公司

提交接入系统方案复核申请。在文件有效期内没有并网也未按时申请接入系统复核的，文件自动失效。

（三）加快配套电网建设，提高电网吞吐能力

国网开封供电公司为加快推进兰考县中原风电场等多项新能源项目并网投产，2017—2021年累计完成配套电网工程投资超过1亿元，满足百万级新能源接入后兰考电力外送、消纳需求。配合兰考县政府开展光伏扶贫，针对居住地屋顶或庭院内具备安装条件的贫困户，采用户用光伏低压并网；针对房屋简陋、屋顶年久失修等不具备安装条件的贫困户，由村委提供闲置土地，实施村级电站高压并网，收益按照容量分配给贫困户。通过户用光伏和村级电站两类扶贫项目，共完成并网点3094个，造福贫困地区困难群众6000多户。

图3-11所示为盆窑村新建改造线路。

图3-11 盆窑村新建改造线路

（四）构建多维评估体系，确保消纳有的放矢

为确保兰考新能源项目精准实施、投资精准落地的整体要求，国网兰考县供电公司引导年度投资安排科学决策，进一步服务好地方经济发展和重点项目建设，在新能源项目建成运营后，对该项目的整体情况进行评价分析，按照科学性、可比性、实用性的指标设置原则，构建包括区域新能源规划与电网规划协调性、新能源建设与电网建设方案同步性、新能源送出工程建设、新能源前期现场踏勘、新能源项目评审等五个方面评价指标，采用专家打分法确定各指标因子的权重，构建评价指标体系，开展新能源并网项目综合评价，同时结合新能源消纳前景预测和受限原因分析，为优化新能源发展规模和布局提供科学的决策依据。根据分析形成的结果，定期向兰考县能源主管部门汇报新能源消纳形势，引导新能源合理安排布局和发展时序，同时提醒新能源开发商合理安排发展时序，避免投资风险。保障新能源并网项目顺利竣工，并为后续项目开展和实施积累经验。

第三节　内外双向多措并举，
推动清洁能源最大化消纳

为确保清洁能源足额消纳，国网兰考县供电公司内外双向多措并举，从建立健全市场机制、推动清洁用能替代、构建多维评估体系等多个方面积极探索实践，走出了一条提高清洁能源消纳能力的可行道路。

一、建立健全市场机制，探索高效发展模式

（一）完善交易价格机制，合理优化资源配置

国网兰考县供电公司依托国家批复的兰考分布式发电市场化交易试点，配合河南省电力公司制定分布式发电市场化交易规则，对接河南电力交易平台，拓展兰考能源互联网平台分布式发电市场化交易功能，稳妥有序推进分布式发电市场化交易。打造绿证、绿电等可再生能源市场化交易新模式，探索区块链技术在交易中的应用，通过客户经理来鼓励个人、家庭、分布式能源等小微用户灵活自主地参与能源市场，有效带动农村能源市场活力，优化资源配置，促进兰考县新能源发展。

（二）优化能源开发机制，推进发电平价上网

优化风能、太阳能等资源配置方式，完善鼓励清洁能源加快发展的产业政策和投融资机制。实施"普惠金融＋股份制"风电开发模式，扩大人民群众参与风能发电的积极性，发挥能源对经济社会的支撑带动作用，促进农民增收、壮大集体经济；利用农村闲置屋顶开展"普惠金融＋代建制"的光伏开发模式，解决农户资金不足问题，助力推广清洁能源利用，增加农民经济收入，创造资产收益。积极推进风电、光伏发电无补贴平价上网，贯彻执行国家平价上网相关政策要求，落实并网和消纳条件，配合政府优化平价上网项目和低价上网项目投资环境，保障优先发电和全额保障性收购，鼓励通过绿证交易获得合理

性收益补偿，切实承担并网工程建设责任，降低就近直接交易的发电成本。

（三）谋划跨区交易机制，积极开拓消纳市场

根据兰考县新能源并网趋势，未来新能源发电量会有大量盈余，需超前谋划跨区跨市电力交易模式。国网兰考县供电公司组织自备电厂企业与富余风电、光伏以及生物质发电机组开展直接交易，促进自备电厂停发减发，开拓开封县域之间的新能源消纳市场。实行新能源电量应送尽送、能送尽送，优先保障新能源参与地市间中长期交易，推动跨区跨市送电中长期合同打捆一定比例新能源。

二、推动清洁用能替代，拓宽本地消纳空间

（一）全力推广绿色宣传，落实电费减免政策

国网兰考县供电公司面向社会全方位宣传"以电代煤、以电代油，电从远方来，来的是清洁发电"，打造源网荷友好互动管理，保障更安全、更经济、更清洁、可持续的能源供应；服务能源资源合理开发和清洁高效利用，将环保理念融入电网规划、设计、建设、运行、检修等各环节，建设资源节约型、环境友好型电网，助力生态文明建设，展现责任央企的良好形象，增强公众的直观体验，提升清洁能源开发利用宣传效果。严格落实国家连续两年降低一般工商业电价 10% 的要求，持续扩大电力直接交易规模，准入市场主体 119 家；落实"低保""五保"户电费减免政策，客户经理主动上门登记，为每户每月减免10 度电量电费；组织开展贫困户大走访，整改室内用电安全隐患，无

偿更换有隐患的室内电线、开关、插座等。

（二）合力推动以电代煤，保障居民清洁供暖

国网兰考县供电公司针对县城、乡镇中心社区、农村地区不同特点，在地热集中供暖未覆盖区域，因地制宜、分级分类推进清洁替代，保障电力供应与清洁取暖电力消费同步。创新实施居民"煤改电"用户电能替代打包交易，推动政府出台设备购置补贴等支持政策，全面保障居民采暖用电需求。同时做好清洁取暖电网配套建设，积极做好农村地区电网升级改造，实现供电能力提升、网架结构完善、设备健康水平优化、配电自动化建设一次到位，满足电采暖大规模接入需求和热负荷可靠供电，达到供电能力100%满足、线路100%联络、用户故障100%隔离。2017—2021年，共安排"煤改电"配套投资2.8亿元，新建10千伏线路长度464.72千米，新建改造台区621台，容量170.4兆伏·安，完成清洁供暖四万五千户，圆满实现兰考地区"煤改电"目标。按照"企业为主、政府推动、居民可承受"原则，创新开展市场化运营机制，在乡镇中心社区重点推进空气源热泵等分布式清洁供暖项目，构建生物质清洁取暖、光伏+取暖新模式，同时加大政策支持力度，积极引导社会资本参与实施分布式电采暖项目。

（三）有力推进以电代油，打造农业电气生产

国网兰考县供电公司依托政府高标准农田建设，围绕农业生产灌溉，大力实施"以电代油"，打造高效节水灌溉体系，做好新增农田机井通电工作。推广粮食及农副产品电烘干替代，利用电气化农业生产技术，助推大棚自动采光、自动喷淋、恒温恒湿控制、水产恒温养

殖等现代农业在乡村落地。2017—2021 年，完成"井井通"配套工程投资 1.06 亿元，新建改造 10 千伏线路 169.27 千米，新建机井配电变压器 451 个，受益机井达 5400 眼，惠及农田 2.4 万亩。

（四）大力推行电动汽车，构建绿色交通体系

国网兰考县供电公司整合"车、桩、站"和城市交通系统信息资源，形成"车、桩、站"联动，信息共享，智慧调度的交通运行格局，服务公众绿色出行。联合政府推动县域出租车、公交车、物流车、公务用车全部替换为新能源车；加快配套充电基础设施建设，优先推进县城区域、公共交通充电桩配套；合理布局、有序引导推进商业、居民、农村等地区充电站建设，构建绿色交通体系。

（五）聚力推出生态旅游，创建绿色能源小镇

国网兰考县供电公司配合政府积极推动乡村旅游发展，迎合乡村旅游业逐渐升温的大趋势，优化供电服务，开展景区用能设备电气化节能改造，建设以电为中心的景区综合能源系统，打造绿色低碳"全电景区"，实现景区"玩、吃、住、行"用能全程电气化，推动红色旅游与绿色电能的"结合共赢"。围绕乡村生态旅游和红色旅游发展，加快仪封乡代庄、固阳乡徐场、三义寨乡南马庄等生态旅游区以及张庄红色旅游区电网景观化改造，延伸建设东坝头等黄河景区电网末端，带动周边群众发展全电民宿产业，提高旅游服务品质，实现群众就近就业增收。此外，投资 8279 万元开展中心村（小城镇）电网建设改造工程，新建改造配电变压器台区 462 个，新增配电变压器容量 126 兆伏·安，保障了兰考县 81 个中心

村户均容量不低于 2.5 千伏·安，达到全省领先水平，全面满足周边的特色园区用电需求。

三、示范建设虚拟电厂，提高县域消纳能力

（一）充分调查摸排资源，纳入优质参与主体

国网兰考县供电公司协同兰考县发改委，组织负荷聚合商开展可控负荷资源实地收资，对接 70 余家企业落实受控可行性，企业分布在兰考产业集聚区、三义寨乡、谷营镇、堌阳镇、仪封镇等地。考虑电动汽车充电桩、集中式储能、工业负荷三类参与主体，分别拟定技术方案，通过先进的通信、计算、调度、市场手段进行统一管理，充分挖掘和释放系统灵活性，提升新能源就地消纳能力，降低能源成本，促进能源低碳化。

目前，选定兰考万通公交公司、深圳同乐居（兰考）家具电商产业园、兰考天地鸭业有限公司、兰考储能电站等 4 个参与主体。兰考万通公交公司 3 个充电站 146 台电动公交车，累计可上调负荷约 3120 千瓦；兰考锦航包装材料有限公司可上调负荷约 300 千瓦；兰考天地饲料有限公司可上调负荷约 300 千瓦；兰考县鲁班美家木塑有限公司日间可上调负荷为 480 千瓦，夜间为 240 千瓦。以上四家企业可调节负荷数据已接入负荷聚合商平台，具备受控条件。

图 3-12 所示为兰考高铁站公交充电站，图 3-13 所示为深圳同乐居（兰考）家具电商产业园。

图 3-12　兰考高铁站公交充电站

图 3-13　深圳同乐居（兰考）家具电商产业园

（二）研发统一管理平台，实现了模拟试运行

管理平台包括两个部分，兰考虚拟电厂内网平台主要功能包括调峰概览、用电功率曲线展示、用电量曲线展示、指令下达、企业信息展示、调峰记录、确认调峰等。负荷聚合商平台主要功能包括负荷曲线、调峰计划，调峰记录、基本信息管理、系统管理、权限管理等。中转程序同步信息内网和互联网的调峰指令。

2021 年 2 月，兰考虚拟电厂具备参与省网调峰辅助服务市场的试运行技术条件，在组织流程上进行了模拟试运行，实现了数据资源可视化和调峰流程标准化。

2021 年 3 月 17 日，河南能源监管办市场监管处负责同志赴兰考，现场调研了可控负荷调节的可行性和安全性，与受控负荷厂家进行座谈时提出，探索出台"兰考县域可控负荷以虚拟电厂形式参与河南调峰辅助服务市场试运行规则"，为兰考虚拟电厂的试运行打通最后一公里。

四、统筹布局储能设施，提升灵活调节能力

充分发挥政府政策引导与市场推动作用，统筹布局电源、电网、用户侧储能设施，提升电力系统综合调节能力。电源侧，推动风电、光伏项目承担合格电源责任，促进新能源侧配套建设储能设施，与风、光项目本体同步设计、同步施工、同步投运。电网侧，结合既有变电站分布，在占地面积较大的变电站中探索电网侧储能项目建设。负荷侧，通过市场价格信号引导各类用户侧储能项目灵活布局发展。

（一）电源侧大力推进建设，确保储能应建尽建

兰考县迅速落实《关于加快推动河南省储能设施建设的指导意见》相关规定，与国网兰考县供电公司和新能源发电企业积极沟通，鼓励新能源项目配套建设储能，对储能配置比例不低于 10%、连续储能时长 2 小时以上的新能源项目，在同等条件下优先获得风光资源开发权，优先并网、优先保障消纳。兰考县人民政府与国家电力投资集团有限公司、国网兰考县供电公司等加强沟通，组织编制《兰考县整县屋顶分布式光伏开发试点方案》，按分布式光伏发电项目装机容量和使用情况，规划设置 2 座储能电站，利用其"削峰填谷"的供能，节约电网系统的固定设备投资，提高电网设备利用率，降低最终用户的用能成本。

（二）电网侧加强示范建设，合理布局储能站点

以 110 千伏兰考变电站闲置土地为基础，建设 9.8 兆瓦储能电站，配合一定规模的可调负荷，探索开展基于"源-网-荷-储"的一体化运行示范应用，提升系统灵活调节能力和安全稳定水平。考虑兰考县新能源装机单站规模较小，独立配置储能投资较大的实际情况，国网河南省电力公司积极沟通兰考县人民政府，谋划建设集中式共享储能，推动新增的新能源场站和存量的新能源场站租赁，较独立配置储能可节约成本 20%～30%。

（三）用户侧积极引导，以点带面扩大应用领域

坚持市场引导、协调联动，通过市场价格信号引导各类用户侧储能项目灵活布局发展，充分发挥保障电力供应安全、削峰填谷、

提升系统运行效率等多重效益。在兰考 149 家实施峰谷电价的企业中精选出 10 家进行重点调研，结合其变压器容量、日平均负荷、储能系统充电功率需求等，推动在天地锦航包装材料有限公司配置 200～250kW/900～1000kWh 储能系统。探索储能融合发展新场景，推动建设河南奥璨售电股份有限公司信德微电网示范项目，计划建设规模为 6MWh 全钒液流储能系统及 500kW 10S 超级电容储能系统。

第四章 实现农村用能低碳化，让兰考人民用上"清洁能"

　　"推动农村能源消费革命，扩大清洁能源消费"是兰考农村能源革命试点的重点建设任务。根据《总体方案》，到 2021 年，可再生能源占一次能源消费比重超过 60%；地热供暖面积 1200 万平方米，清洁供暖普及率超过 80%；清洁能源车辆占比达到 85%，公众绿色出行率达到 90%。

　　为此，在兰考农村能源革命试点县建设中，始终坚持清洁低碳发展原则，在供暖、交通、生产、生活等重点用能领域以乡村电气化工程推动全县深度电能替代，以实施"气化兰考"工程推动生物天然气走进万家，以规模化利用推动地热能清洁供暖进城区，以交通绿色化推动公众低碳环保便捷出行，提高清洁能源消费占比，促进用能方式转型升级，让兰考人民用上"清洁能"，让"清洁能"助力兰考县域高质量发展。

第一节　实施乡村电气化，
推动智慧能源走进田间地头

国网兰考县供电公司充分对接兰考县发改委等政府部门，围绕农业生产、乡村产业、农村生活电气化"三条"主线，差异化制定传统农业型、产业发展型、宜居综合型、休闲旅游型四类乡村电气化配置方案，以清单化项目推进落地实施工作，全力服务乡村振兴和兰考县农村能源革命试点，推动乡村电气化从 1.0（电气化改造）量变，向 2.0（智慧能源进乡村）质变跃迁。

一、明确思路，凝聚合力先行先试多方共赢促发展

坚持目标导向，创新发展。以兰考农业大棚、畜牧养殖、绿色交通、清洁供暖、产业加工等实际场景为基础，密切结合本地资源禀赋、区域产业发展布局和能源消费特点，创新设计符合产业发展趋势的智慧用能服务方案，促进提高客户生产效率、降低社会用能成本、改善乡村生态环境，充分体现电气化建设成果，促进生产生活生态相协调。

坚持规划引领，政企协同。主动融入河南省乡村振兴战略规划，依托兰考农村能源革命七个片区政企合作推进。在乡村电气化规划、项目实施、政策配套等方面，加强与政府沟通汇报，积极争取政策支持，建立政企高效推进工作机制，营造政企合作的工作和政策环境，提高社会参与乡村电气化建设的积极性和主动性。

坚持安全可靠，融合集成。充分利用乡村电气化和县域能源互联网建设成果，统筹安排新技术、新理念、新模式优先在兰考落地实践，以助力兰考在乡村电气化试点示范中打造创新与先发优势。

图4-1所示为兰考乡村电气化示范县建设研讨会现场。

图4-1 兰考乡村电气化示范县建设研讨会现场

二、明确目标，探索出一条乡村电气化"兰考样板"

探索一条电气化助推乡村振兴的可行路径。按照政企协同、整体设计、分步实施、场景示范思路，突出技术和效益平衡，形成《兰考乡村电气化示范县建设方案》，一盘棋推进兰考特色鲜明的电气化建设路径，探索建立适用我省农村的典型场景库，以点带面形成示范效应，支撑兰考乡村振兴示范引领县建设。

服务建设绿色智慧的兰考农村能源革命示范县。将电气化示范县建设与兰考能源革命 7 个片区规划协同推进，将先进信息通信技术、控制技术与先进能源技术深度融合应用，推动能源系统运行智慧化、农业电气化和电力普遍服务水平，助力"碳达峰、碳中和"目标在县域落地。

打造一批乡村电气化典型应用场景。高质量建成奥吉特菌菇产业示范园"供电＋能效"电气化改造、堌阳音乐小镇商业街电网升级改造、"红色张庄"全电村、16 个精品台区改造等 11 个标杆示范项目，推进电能深度替代，升级美丽乡村能源消费。

三、明确重点，项目化推进一批典型应用场景落地

（一）四个传统农业型电气化示范项目

奥吉特菌菇产业示范园"供电＋能效"电气化改造项目。国网兰考县供电公司引导客户投资 6 台空气源热泵，进行节能改造实现以电代油。通过在配电室加装温湿度监测设备，实现蘑菇大棚恒温恒湿集中控制；通过在蘑菇大棚用电回路安装智能表计，集成用能监控大数据接入，实现对监测大棚能耗实时监测，成功探索出符合企业生产实际的高效生产模式。目前，该项目已全部建成投运，共报装容量 1880 千伏·安，年节约客户用电费用约 30 万元，年收益率提高五个百分点。近期，客户拟进一步扩大生产规模。

图 4-2 所示为兰考县张庄奥吉特菌业有限公司。

图4-2　兰考县张庄奥吉特菌业有限公司

仪封蜜瓜精品示范园智慧大棚项目。客户拟安装地源热泵一体机对 25 个种植大棚集中制冷制热，通过加装温湿度探头，实时掌握大棚的温湿度，自动调节，实现手机 APP 的智能监控。目前，该项目已建成投运，国网兰考县供电公司完成配套供电容量200千伏·安，2021 年月均用电量达 0.14 万千瓦·时，初步形成以地源热泵制冷制热的清洁能源种植的全电化示范基地。

图4-3 所示为兰考仪封蜜瓜精品示范园。

图4-3　兰考仪封蜜瓜精品示范园

中羊牧业智能养殖示范园项目。拟在养殖棚屋顶安装光伏发电系统，通过自动给料机、自动刮粪机、自动给水机，实现"光伏＋智能养殖"模式。目前，中羊牧业公司月均用电量3万千瓦·时左右，羊舍屋顶光伏项目正在洽谈中。

图4-4所示为中羊牧业智能养殖示范园。

图4-4　中羊牧业智能养殖示范园

仪封高标准良田示范区电排灌项目。依托政府在仪封镇投资建设的10700亩高标准良田示范区，建设气象站1个（测风速和土质）、水肥一体机4个，太阳能灭蚊灯65台。目前已完成3000亩推广，全部实现电灌溉模式，计划再完成2000亩推广。国网兰考县供电公司根据项目实施进度，建设完成配套变压器等供电设施，确保项目安全可靠用电。

（二）三个产业发展型电气化示范项目

堌阳音乐小镇配网升级改造项目。堌阳音乐小镇是集超市、影院、餐饮、住宿、展厅、乐器加工为一体的商业综合体。乐器加工厂房是由原徐场民族乐器村的家庭作坊迁入，集中生产加工，开料、烘干、烤漆等多个加工环节均要实现电气化。国网兰考县供电公司配合政府完成配电网升级改造，将部分用电线路入地。

图4-5所示为兰考县堌阳镇徐场村。

图4-5　兰考县堌阳镇徐场村

闫楼桐树苗培育基地高标准农电机井及节水改造项目。项目由政府投资在闫楼建设桐树苗培育基地，国网兰考县供电公司拟实施高标准农田机井通项目及节水设施改造，确保灌溉水量充足的同时实施精细化排灌，实现桐木种植电气化。目前，已实现高标准农电机井及节水改造，后续工作正在积极推进。

兰考盛华春植保构树种植。项目现有杂交构树林约8000亩，水肥一体化滴灌设备覆盖3000余亩，通过配置电气化设备及农具实现从选地、种植、管护、收割、青贮料打包以及青贮料加工成干粉饲料一体化流程，设有现代化无菌车间及配套全自动洗瓶生产线和医用级高温灭菌炉，年生产约2666吨干粉饲料。

（三）三个宜居综合型电气化示范项目

"红色张庄"全电村落示范项目。项目由政府投资分布式光伏扶贫发电站，国网兰考县供电公司对该村变压器及低压配套设施进行升级，并建设充电桩，打造"红色张庄"电气化特色村镇，建立新农村建设电气化改造标准，把"梦里张庄"打造成作为休闲农业及乡村旅游示范样板、民宿发展示范样板。目前，项目已全部建成，安装充电桩 6 个，可满足 5 台电动观光车及张庄新能源车主充电需求，安装村级分布式光伏发电 50 兆瓦、节能路灯 8 个，建成全电民宿 4 家（含全电厨房）。

图 4-6 所示为兰考县东坝头镇张庄村。

图 4-6　兰考县东坝头镇张庄村

张庄、堤西台区等 16 个精品台区改造示范项目。项目由国网兰考县供电公司投资，对张庄、堤西台区等 16 个台区进行集中改造，加装智能断路器，老旧表箱更换为物联网智能计量箱，加装能源控制器、工作环境传感器和有序充电控制计量箱，实现台区故障精准感知、违窃用电智能诊断、台区及分支线损分析、台区用户行为特征分析、电动汽车有序充电等 20 项功能，实现台区的安全合规、科学智慧用电。

谷营迁建区、坝头迁建区屋顶光伏建设项目。项目拟在谷营迁建区居民屋顶建设光伏 300 户合计 3.5 兆瓦，打造清洁能源发电、供电、用电一体的农村新型生活区。目前已完成 20 余户改造工作，后续工作正在积极推进。

（四）一个休闲旅游型电气化示范项目

黄河湾全电景区示范项目。政府拟投资建设"黄河文化精品线"，推进黄河湾景区建设。国网兰考县供电公司以"黄河文化精品线"为重点线路，重点推进毛泽东视察黄河纪念亭、1952 民宿、电气化改造项目，建设风光储一体的智慧路灯，实施住宿全电化，推进电动汽车充电桩建设，打造"黄河文化休闲旅游目的地"，建设兰考首个全电景区。

第二节　实施"气化兰考"，
推动生物天然气走进万家

充分发挥兰考粮食大县资源优势，建设生物质原料收、储、运体系，示范建成仪封生物天然气厂，争取乡镇免费煤改气试点，推动生物天然气走进千家万户，生物质资源规模化利用水平显著提高。

一、统筹规划重点布局，建立生物天然气发展模式

着力推动生物质能源梯级利用，提高产品附加值，建设先进生物质能示范基地，大力发展非粮生物液体燃料，打造以生物天然气供应为主、管道天然气供应为辅、罐装液化气供应为补充的供气模式。充分利用丰富的生物质资源生产生物天然气，通过示范工程的探索，为县域供应生物天然气，建立健全原料收储运体系。重点打造秸秆资源、畜禽粪便和垃圾收储运系统，加快建设农户参与、企业主导、政府推动且适应多种资源、覆盖城乡、高效环保的生物质原料收储运的保障体系。

统筹规划布局，建立分布式能源为主的生物天然气供应体系。将生物天然气直接并入城镇天然气管网，作为民用、工业用和车用燃料，促进能源消费升级；打造农业循环经济，政府引导和市场运作相结合，重点推进"种植—饲料—养殖—制气—沼肥—种植"循环链条项目建设，创新有机肥供销用模式，促进有机肥大面积推广，提高农、畜产品品质和经济效益。减少化肥使用量，增加有机肥高效使用量，促进土壤改良。探索村村通天然气、管网配套等设施的整块开发模式，建立原料收集保障、生物天然气消费、有机肥利用和环保监管体系，构建县域分布式生产消费模式。建立健全全过程环保监管体系，保障产业健康发展。

二、加强组织管理协同，争取乡镇免费煤改气试点

为满足兰考广大居民生产生活需要，兰考县人民政府结合农村能

源革命试点要求，多措并举积极推进"气化兰考"实施。

加强领导，成立组织。成立了由兰考县发改委牵头的专项工作组，以每周能源例会的形式，邀请乡镇主管副镇长参加，统筹解决"农村能源革命试点城市"实施中存在的问题。

方案引领，有序推进。2018年5月7日，编制《兰考县"气化兰考"工作实施方案》，确定完成的时间节点及责任人，通过县、乡、村三级共同审核，确保符合乡镇规划并兼顾安全美观。项目工程投资约5.33亿元，户均建设成本约3000元，分两年实施。

强强联合，让利于民。一方面，推动燃气行业专业公司和政府基金公司合作，确保专业水平和资金保障，利用集团集采的优势，推出优惠套餐，最大程度减轻乡镇用户负担，做到政府放心、社会认可、群众满意。同时，推动中原豫资投资控股集团有限公司与河南天伦燃气集团有限公司合作，成立兰考豫天新能源有限公司，全面负责13个乡镇工程，将兰考列为乡镇免费煤改气试点，免收乡镇居民天然气管道及设施安装配套费。

加强宣传，营造良好氛围。县发改委与县融媒体中心联合制作专题宣传片，大力宣传"气化兰考"的现实意义，及时总结推广"气化兰考"工作中涌现出来的好典型、好经验、好做法，引导广大群众树立绿色生活意识。

三、重点实施四项工程，推进生物天然气开发利用

以提高秸秆和畜禽粪污综合利用率、消除面源污染、提高土地肥力为目标，按照"减量化、资源化、无害化"的原则，建立健全原料

收储运体系,通过示范工程的探索推进,充分利用丰富的秸秆、畜禽粪便等生物质资源生产生物天然气。

(一)推进秸秆收储运体系建设

秸秆收储运体系建设由兰考县政府组织协调,由生物天然气、秸秆直燃发电、秸秆气化制炭、成型燃料制备等工程建设开发公司形成产业联盟,并负责投资运营。产业联盟负责收割、储存、运输等工程设备采购、人员组织培训、体系建设监管。

秸秆收购由产业联盟与各村直接签订秸秆收购协议,并进行有偿收购,具体价格由产业联盟与各乡镇、村委会及村民依据市场价格共同商定。在各村建设秸秆临时堆放点,成立"乡镇政府+村级分储点代理商"模式,乡镇政府主导村级分储点代理商。

秸秆收储运系统选择谷营片区、仪封片区、产业集聚区、考城片区、南彰片区、堌阳片区进行建设,并分别以谷营镇、红庙镇、三义寨乡、考城镇、南彰镇、固阳镇为中心,辐射整个片区。

(二)建设畜禽粪便收储运体系

紧密结合生物天然气、有机肥制备等工程开发建设时序,按照能源革命建设开发时序分区域、分阶段建设畜禽粪便收储运体系。畜禽粪便收储运系统分别以三义寨乡、堌阳镇、仪封乡、南彰镇为中心,建设全县域畜禽粪便收储运体系。按照畜禽粪便的收集量,配置畜禽粪便收储运体系工程设备及人员。

通过畜禽粪便储运体系建设,全县域内畜禽粪便除用作小型沼气工程外,可实现剩余畜禽粪便的收集利用率达到90%以上,切实保障畜禽粪便利用企业的原料稳定性。在实现县域内农村面源污染有效控制的同时，还可为当地创造就业岗位。畜禽粪污采用付费式收集，根据市场上畜禽粪便收购价格进行付费。

（三）推进生物质制气工程建设

示范建设仪封生物天然气厂，日产生物天然气 2.5 万立方米。采用"预处理＋一体化厌氧发酵＋沼气净化提纯＋沼渣沼液综合利用"的处理工艺，实现秸秆及畜禽粪便的厌氧发酵处理。发酵产生的沼气经提纯制备生物天然气，并入乡镇燃气管网或输送至 CNG 加气站，沼渣沼液经固液分离后制备有机肥，销往兰考及邻近区域，用作设施农业及高附加值农作物产品用肥，提高土地利用效率，增加农民收入。

（四）推进燃气管网工程建设

加快推进燃气管网建设，建设燃气主管网，形成 4 个供气区域，实现燃气管网乡（镇）全覆盖。稳步推进生物天然气送出管网建设，统筹生物天然气项目和乡镇燃气管网建设状况，合理安排生物天然气项目接入主管网工程，同步推进配套管网建设，建设村庄配气管道。截至 2021 年，共铺设燃气管网 584 千米，13 个乡镇均已通气。兰考城区使用天然气管道供气，年用气量达到 4100 万立方米。通过西气东输二线平泰支干线和中原油田—开封—郑州长输管道输气。兰考燃气门站位于城区北部文体路与兰坝路交叉口西北，通过天然气中压配气管网向城区供气。兰考村镇已全部敷设天然气管道。

第三节　实施规模化利用，
推动地热能清洁供暖进城区

兰考以获批"河南省地热能清洁供暖规模化利用试点县"为契机，坚持"政府引导、市场运作、规划引领、有序开发"的原则，重点围绕强化组织协调、编制利用规划、制定支持政策等方面，统筹整县推进地热能清洁供暖规模化开发利用，推动地热能清洁供暖走进城区，实现了地热能资源规模化利用。

一、强化组织协调，成立工作指挥部以统一管理

兰考建立"政府推动、部门联动、信息共享、规范监管"的统一管理机制，对地热能综合利用进行统一管理。成立地热资源综合开发利用工作指挥部，抽调住建局、国土局、发改委、环保局、城管局、规划局、房管中心、水利局等单位统一办公，统筹推进地热资源综合开发利用工作。制定整县推进地热能开发利用的管理办法，成员单位各司其职，开辟绿色通道，统一审批流程，推动地热能清洁供暖试点工作形成合力。

制定日检查制度，建立专门服务组。实行督查机制，督促施工企业挂图作战，倒排工期，科学施工。抽调住建局质监站、安全站、工程科等业务科室人员，配合指挥部人员分包对接老旧小区，及时与企业负责人碰头协商，现场解决发现的问题，每天组织人员进行检查，及时掌握工程进展情况，地热建设企业每日要

上报进度，指挥部对进度进行日通报，确保工程质量、施工安全以及工程进度。

二、强化顶层设计，编制专项规划做好科学引领

综合兰考地热资源的自然禀赋、热储层特征、地下水取水许可、开发利用影响、经济社会发展需求等因素，政府编制《兰考县地热能清洁供暖规模化利用试点方案》《兰考县供热专项规划》《兰考县冬季清洁能源取暖实施方案》。根据地热区域布局的环境综合承载力，合理确定出适宜发展区、限制发展区和禁止发展区，并与土地利用总体规划、城镇供热规划等做好衔接。

坚持绿色发展理念，把地热能源利用工程作为兰考转变供暖方式的重要手段和途径，紧密结合兰考面临的紧迫问题，优化城区地热源利用，统筹实施区域清洁供暖工程；发挥兰考的技术和配套优势，建设区域地热供暖网络，完善兰考集中供热和蒸汽结构；支持企业技术改造，提升资源利用水平；支持企业发展节能环保装备和智能化改造；提高兰考地热利用技术水平，把兰考建成国内先进的地热资源利用示范城市，为河南省乃至国内地热利用起到示范和带头作用。

通过实施兰考地热清洁供暖工程，把兰考建设成为"地热利用效率高、工程质量优良、管理高效规范"的清洁供暖先进试点城市。到2025年，全面完成规划范围内条件具备的地热开发供暖项目，形成较为完善的地热能开发利用管理体系和政策体系，掌握地热产业关键核心技术，形成比较完备的地热能开发利用设备制造、工程建设的标准体系和监测体系。

三、强化部门配合，完善地热资源开发协同机制

采取"政府推动、部门协同、企业为主"的模式，健全协同机制，解决地热能供热规划建设和管理中面临的问题。发展改革部门负责制定地热能供热发展规划；国土部门负责组织实施地热资源的调查评价和地热资源的确权登记，并组织开展地下水水质水位监测工作；水利部门负责地热能开发的水资源管理工作，组织开展地表及浅层水水质水位监测工作；环保部门负责地热能供热环境影响的监督管理；住建部门负责地热能供热技术推广和工程技术规范的编制、制订工作；价格部门依照定价权限、规则等规定，制定集中供热价格；企业在监测系统、设备技术等方面引入"互联网＋供热"模式，不断提高供热工作的网络信息化水平和工作效率。

四、强化市场运作，实施地热资源开发特许经营

坚持市场化运作，择优选定经济实力强、技术含量高、社会责任感强的大型专业企业，作为地热开发利用战略合作伙伴，实施地热开发特许经营。

企业须按照规划要求，制定地热开发利用方案，按照"采灌均衡、取热不取水"的原则科学设计取热供暖流程，有效防范地下水位的变化和地下水污染，明确重点开发区域，稳步推进建设任务，全力保障冬季清洁供暖需求。

引入竞争机制，群众利益最大化。将主城区划分为四个区域，

与中石化新星石油有限责任公司河南分公司和浙江陆特能源科技股份有限公司两家公司分别签订《地热资源综合开发利用合作协议》，采用 PPP 模式开发中深层地热，打破独家经营权模式，通过互相竞争降低居民供暖价格，目前价格为 19 元/平方米，与传统供热价格持平。

对老旧小区集中供暖改造，实行"三个三分之一"政策，即政府奖补企业三分之一，企业让利群众三分之一，政府争取上级政策资金三分之一补贴企业，有效解决了供暖企业与小区开发企业、居民之间的矛盾。同时，封闭所有老旧小区自备井，统一并入政府市政管网，进行规模化运营。

五、强化地质安全，制定地热开发利用监管制度

按照职能分工，坚决履行政府监督管理职责，对项目的供暖保障、能效、环保、水资源管理保护、回灌等环节进行监管，重点对温度、水位、水质等开展长期动态监测。出现地质与生态环境问题的，按照国家有关法律法规依法查处。对于未能履行供热承诺、导致水质恶化且整改后不能达到技术标准的企业，对其行为进行失信惩戒。

邀请中国地质大学（北京）和河南省地质矿产勘查开发局联合对城区内地热资源进行动态跟踪和风险评估，目前两家企业同层回灌率达到 98%以上，确保地壳不会因为取能而发生结构性变化，为兰考地热资源有序开发利用提供了安全保障，实现了可持续发展。

加大技术攻关研究，进一步加强地热回灌工作。加大对地表水回

灌技术、中低温地热发电技术、热储压力自动监测技术、超采预警预报技术等重点领域的攻关研究。坚持对井审批制度，新上地热供热项目 100%实现回灌。通过采取"批新井、带老井"、开采单井整合、补建回灌井等措施，解决中心城区单井回灌问题。

六、强化结果导向，主城基本实现清洁供暖覆盖

2017—2020 年，兰考共建地热站 13 个，改造地热站 15 个，完成开发 2000 米地热井 41 座，出水温度可达到 75 摄氏度，冬季供暖面积 918 万平方米，铺设管网 57 千米，覆盖 73 个小区，实际用热户数约 3.6 万户。基本实现主城区地热供暖全覆盖，地热不能覆盖的区域采取"双替代"清洁取暖，建成地热站 28 座，运营企业 2 家。2021 年，开发地热集中供暖面积 337 万平方米，使兰考地热能供暖累计达到 1255 万平方米，全县域实现了禁煤。

通过合理开发利用地热清洁能源供暖，近年来兰考累计实现节约标准煤约 9.63 万吨，减排二氧化碳约 24.17 万吨，减排二氧化硫 824.76 吨，减排氮氧化物 718.9 吨，减少粉尘排放量约 6.63 万吨，清洁供暖效果明显。

第四节　实施交通绿色化，推动公众低碳环保便捷出行

结合兰考交通运输发展规划，大力推动新能源汽车替代，加快配套充电基础设施建设，提高交通智慧便捷服务水平，打造公

交优先、慢行交通优先的低排放交通系统，推动公众低碳环保出行。

一、推进车辆替代，稳步提高新能源汽车保有量

出台相应激励措施，加大公交车、出租车、公务用车等公共交通领域新能源车辆占比。购买新能源车辆时享受补贴，车辆使用环节给予补贴，主要用于机动车交通事故责任强制保险费、路桥费、充电费、充电设施建设安装费等方面，降低新能源车使用成本。

分类推进公交车、出租车、市政和公务用车、私人乘用车等不同类型车辆的清洁替代。公交车、出租车、公务和市政用车方面，以更新替代完全电动化为基本原则推进车辆替代工程。私人乘用车方面，按照 2018—2021 年电动汽车新增量占全县新增及更新替代比例 3%、6%、9%、11%，推进私人乘用车替代。

截至 2019 年，兰考新能源出租车占比 100%，新能源公交车占比 30%，新能源公务车占比 17%，较 2017 年新能源汽车占比不足 6% 有大幅提升，公众绿色出行率接近 40%。截至 2021 年底，兰考电动汽车保有量 462 台。

预计到 2025 年，全县公交车保有量约为 550 辆，其中，电动公交车约为 550 辆，占比达到 100%；城区出租车达到约 390 辆（均为清洁能源车辆），全部为电动出租车；公务车辆数量约为 470 辆，其中电动公务用车数量约为 380 辆，占比达到 81%；私人乘用车保有量将达到约 11 万辆，其中，电动车约为 3500 辆，占比达到 3%。

图 4-7 所示为兰考县电动公交车。

图4-7　兰考县电动公交车

二、建设充电设施，分类分区提高充电桩覆盖度

在进行布局规划时充分考虑未来电动汽车的发展需求，适度超前规划充电设施建设。公交车、市政环卫车等行驶线路固定，利用已有停车场建设充电站或充电桩，以慢充为主，结合快充或快换的方式，保证车辆的正常行驶和工作；政府公务车，示范园区、旅游景区用车等运行区域、时间比较固定，在集中停车场建设充电桩，以慢充为主；出租车等由于运行线路不确定，在合理均衡的区域内设置多处充电站，以快充为主，结合快换方式，及时补充电能；私家车等社会车辆，主要采用慢充方式，在住宅小区停车场建设充电桩。

以社会充电站和分散充电桩共同推进的模式，快速推进兰考充电基础设施建设。一是分类分区推进充电站建设，优先建设县城区域充电站，分为四类：四大充电站、大型充电集群、中型充电集群、小型充电集群，首批推进车流量较大、示范效应显著区域的充电站建设，如兰考南站、兰考火车站等。推行"一镇（乡）一站"原则，结合镇（乡）政府停车场、汽车站及乡镇商业停车场布局一定量充电桩，发挥示范引领作用，分步推进，逐步实现全覆盖。二是推进分散充电桩建设，优先建设公务用车和市政用车充电桩，做好试点示范工作。合理安排住宅小区建设时序，逐步达到县城有条件住宅小区全覆盖。

通过合理布局、有序引导农村地区充电站建设，实现清洁能源车辆推广应用与充电基础设施建设协调发展。截至2021年底，兰考现有充电站22座，安装充电桩157个。

预计到2025年，在兰考8镇5乡合适区域各布局建设充电站一座，共计建设充电站13座，单个充电站规模为20个充电桩，其中公交专用充电桩5个，社会车辆充电站桩15个，即公交专用充电桩共计65个，社会车辆充电站桩195个，乡镇共计260个充电桩。

图4-8所示为兰考政府办公区停车场充电桩，图4-9所示为国网兰考县供电公司坝头中心供电所充电桩。

图4-8 兰考政府办公区停车场充电桩

图4-9　国网兰考县供电公司坝头中心供电所充电桩

三、建设信息系统，提高交通智慧便捷服务水平

建设兰考智能交通中心，服务交通运输行业监管、运行管理和公众出行，实现与周边城市交通信息系统共享信息。公交车、出租车、"两客一危"、二级以上客运站监控覆盖率达到100%。

提升城市公共交通管理、运营、服务信息化水平，促进城市公共交通与其他交通方式、城市道路交通管理系统信息资源整合共享，向公众提供"一站式"综合交通信息服务。建设公众出行信息服务系统、车辆运营调度管理系统、公交行业监管系统等智能化系统，并预留接口，与数字化城管系统实现对接。

在河南省发展和改革委员会指导下，国网河南省电力公司打破信息壁垒，研发河南省充电智能服务平台和中原智充 APP，电动汽车车主用一个 APP 可一键查桩和智能充电，充电桩建设运营商可线上快速申请补贴资金，政府可全流程管控补贴发放。目前，兰考已基本实现了全县充电设施的统一接入和管理，大大提升了用户找桩充电的便捷程度。

第五章 实现农村能源智慧化，让兰考人民用上"舒心能"

　　"推动农村能源技术革命，提升智能化用能水平"是兰考农村能源革命试点的一项重点建设任务。根据《总体方案》，到 2021 年，兰考智慧能源体系基本建立，可再生能源消纳得到有效保障，多能互补、能效管理、需求响应、智慧用能等多类型综合能源服务有序开展。

　　为此，国网河南省电力公司协同兰考县人民政府，以构建"互联网＋"智慧能源体系为方向，坚持实事求是、实用实效原则，以加强智能电网为基础平台，将先进信息通信技术、控制技术与先进能源技术深度融合应用，推动能源系统运行智慧化。聚焦农村未来个性化、综合化、智能化服务需求，通过数字电网打造、数字管理创新，基本实现电网状态全感知、企业管理全在线、运营数据全管控，让"舒心电"提升兰考用能体验。

第一节　建设能源互联网运营平台，打造智慧能源大脑

"一库三中心"是兰考能源互联网运营平台的核心。国网河南省电力公司协同多方，应用"大云物移智"新技术，建设能源数据库、能源监测中心、运营指挥中心和公共服务中心，促进能源生产、传输和消费全链条数据融合共享，实现"源—网—荷—储"一体化运行，为用户提供专家型、全方位综合能源服务，打造智慧能源大脑。

图5-1所示为兰考能源互联网运营平台"一库三中心"功能架构。

图5-1　兰考能源互联网运营平台"一库三中心"功能架构

一、建设能源数据库，实现多源化数据互联互通

数据是能源数字化的重要基础。农村能源数据收集机制缺乏，数据共享程度不高，实时性和完整度不够，难以支撑能源革命要求。为此，国网河南省电力公司经济技术研究院首开先河，与兰考县政府加强沟通，探索建立了农村能源大数据建设新模式。

建立农村能源数据体系。经过梳理，形成能源统计运行数据、能源资源及项目数据、基础地理数据、三维多媒体资料、系统配置信息数据等五类数据，首次系统性提出农村能源数据体系，涵盖能源生产、传输、配送、消费等环节，涉及各类行业、企业、用户结构化与非结构化数据。

建立农村能源数据归集机制。兰考县政府出台全国首个县域能源数据管理规定。明确系统对接、物联采集、批量导入、在线填报四种数据接入方式。与 15 家能源企业签订三方确权协议，明确了企业对数据的所有权、政府对数据的使用权、平台对数据的管理权。探索建立了政府牵头、企业广泛参与的数据归集机制。

建设农村能源数据库。建设数据库硬件平台，提供数据归集、数据处理、数据存储、数据计算、数据可视化、数据服务等功能，确保兰考农村能源数据的集中管理。研发线上填报工具，加快平台数据标准化、规范化、体系化建设，实现电力数据自动采集、油气热数据由手工录入变为网上自动填报。

目前，平台数据归集频度、深度、广度不断拓展，新增规上企业日用电、地热用户侧数据等 136 类数据项，累计达到 1950 类，目前

平台已接入各品类能源数据 2177 万条，实现了兰考"全县域、全品类、全链条"能源数据可观、可测。

二、建设能源监测中心，支撑能源态势研判决策

围绕兰考农村能源革命试点建设重点任务及总体目标，建设能源监测中心，实现了分品类能源监测、碳排放监测、革命成效监测等功能，服务政府及时了解兰考能源运行状态，研判能源态势和精准决策。

开展分品类能源监测。实现能源经济总体情况可视化展示，可宏观掌握经济数据、能源资源储量以及能源生产、消费、库存数量等历年变化信息，可实现与其他重要市县主要指标对比分析，直观了解全县主要能源情况。实现电、热、气、油生产消费全链条监测，形成"革命成效年评估、能源运行月分析、新能源项目实时跟踪"应用体系，为能源监管、科学决策以及态势研判提供支撑。实现能源项目运行情况动态监测，实时掌握能源革命重点项目运行情况，接入兰考全县1834 个并网点、6034 户扶贫户光伏电站运行数据，全年发布 12540 次故障告警和 32129 次低效提醒，推送设备检修指导 2620 次，为政府有效监管和企业精益运维提供技术支撑。

开展兰考碳排放监测。搭建了能源、工业、交通、公共建筑、居民生活、农业生产 6 大领域碳排放计算模型，创建低碳家底、能源消费、碳排分析、达峰目标、清洁减排、兰考碳汇等 6 大功能模块，实现了以日为最小维度，细化到全县 13 个乡镇和县城，覆盖兰考现有能源消费、工业体系、生态碳汇全口径的"双碳"进程监测及分析评价功能。2021 年 8 月 9 日，在全国上线首个县域"碳达峰、碳中和"

进程监控分析系统，为全国首个农村能源革命试点建设示范县提供了能源决策依据，为持续探索兰考县域绿色高效发展道路贡献了积极力量。

图 5-2 所示为工作人员现场操控兰考能源互联网运营平台。

图 5-2　工作人员现场操控兰考能源互联网运营平台

图 5-3 所示为兰考能源互联网运营平台"碳达峰、碳中和"进程监控分析模块。

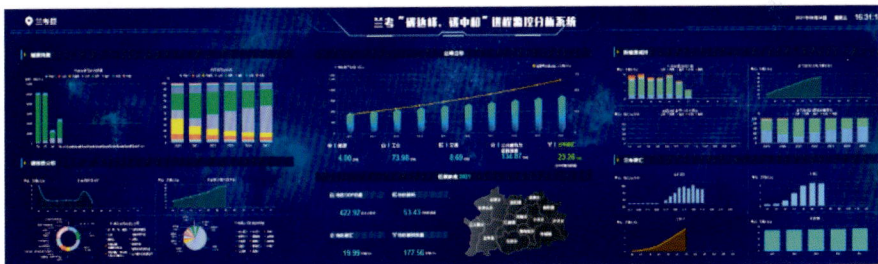

图 5-3　兰考能源互联网运营平台"碳达峰、碳中和"进程监控分析模块

开展农村革命成效监测。以图表、地图结合动态效果等全面介绍兰考农村能源革命建设发展历程，展示兰考社会经济、能源发展预测，展现兰考农村能源革命试点建设总体思路、主要目标及重点任务等。开展生物天然气开发、太阳能开发等 9 类工程 74 个项目推进情况监测。从生态文明建设、能源供给能力、能源消费结构三个方面对 10

个农村能源核心指标进行成效监测。

三、建设运营指挥中心，实现电力运行动态跟踪

开展源网荷储运营监测分析，实现电力生产（源侧）、传输（网侧）、消费（荷侧）、存储（储 侧）全环节实时运行动态跟踪，为源网荷储统一优化管理、运营服务提供支撑。

电源侧实现风电、光伏、垃圾、秸秆各类电站实时运行监测，实时掌握电厂出力、发电效率等情况。

电网侧以 110 千伏兰考变电站为试点，兰考变电站供电范围涉及 4 座 35 千伏变电站，在大负荷时刻接近满载运行，夜间负荷低谷时刻新能源大发，出现过剩电量反向输送至上级电网的情况。开发需求响应、源网荷储管理，研发运行监控、发电预测、可调负荷分析、策略生成等系列功能，支撑"源—网—荷—储"一体化运行，提升新能源就地消纳率、降低电网网损、改善平均峰谷差。

图 5-4 所示为兰考能源互联网运营平台源网荷储协调优化运行模块。

图 5-4　兰考能源互联网运营平台源网荷储协调优化运行模块

负荷侧开发电管医生、农业生产、乡村产业、虚拟电厂等四个功能。电管医生模块接入兰考焦裕禄纪念园、兰考礼堂等7家单位，实现用电监测、异常报警以及故障处理。农业生产模块监测了兰考机井台区用电效率、用电量、利用时间等情况，对故障机井进行告警提醒。乡村产业模块选取了兰考县新世纪量贩有限公司、兰考县张庄奥吉特菌业有限公司2家具有节能潜力的典型企业，加装用能监测装置，实现设备级运行监测，为客户提供用能预警、用能诊断、用能优化等管家服务，促进客户用能效率提升。虚拟电厂模块聚合兰考公交公司、工业负荷、集中式储能，实现辅助调峰和需求响应服务，缓解电网压力。

四、建设公共服务中心，提升普惠能源服务能力

公共服务中心秉持"以用户为中心"的理念，提供电力基础服务、电力拓展服务、乡村振兴服务等多种功能，为用户提供专家型、全方位综合能源服务，推动用户传统用能方式转变，拓展能源消费新模式、新业态，提升用户能源消费体验，降低用能成本。

电力基础服务主要提供网上办电、配电抢修、智慧服务等功能。网上办电模块服务兰考居民开展线上业扩报装、电费查询、能源缴费。配电抢修模块深化智能电表非计量功能改造，优化用电采集和供电服务抢修业务流程，将停电信息告知时长由原来的270秒缩短至30秒；研发能源便民APP，实现用户停电信息主动通知以及配电抢修全过程可视化，提高用户用电体验感和互动性。智慧服务模块选取坝头乡张庄村示范区域，开展农村居民非侵入式用电情况监测，精准分析客户用电行为；开发兰考电动汽车服务应用，满足公众便捷智慧充电的需

求以及政府对充电设施的监管需要。

电力拓展服务实现兰考全县分区域、重点规上企业及重点产业的用电情况监测，服务政府及时掌握县域的经济和生产运行情况。

乡村振兴服务模块发挥电力数据真实、及时的固有优势，以行政村为单位，开发建立"空心村"评估模型、乡村振兴电力指数，动态监测、直观研判兰考乡村振兴发展态势，辅助政府建设规划、产业配置、村貌治理及精准投资，服务乡村振兴工作全面推进。

图5-5所示为兰考能源互联网运营平台乡村振兴服务模块。

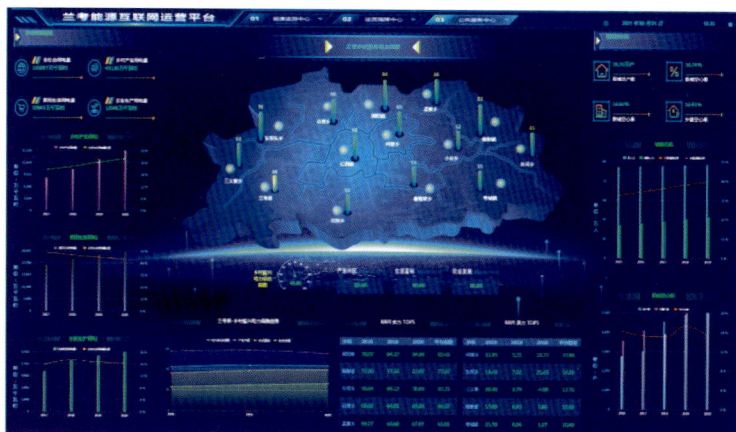

图5-5 兰考能源互联网运营平台乡村振兴服务模块

第二节 推进能源互联网设施升级，打造智慧能源躯干

国网河南省电力公司将先进信息通信技术、控制技术与先进能源技术深度融合应用，瞄准能源设备智能判别能力不高问题，推进输变配用等环节感知设备有序接入物管平台，深化智能电表非计量功能应

用，推进配电抢修可视化建设，全面夯实电网状态感知基础，以数字化技术大力提升兰考电网运行控制智慧化水平。

一、加强电网网架建设，全面提升供电安全可靠

对接好兰考国土空间利用规划，滚动优化电网规划，提前预留线路廊道和变电站站址，逐步形成以 220 千伏变电站为电源支撑、110 千伏电网为主网架的"∞"字型双环网链式结构，全面提升电网供电可靠性。加快农村电网网架优化，通过提升线路联络率、优化配电变压器布点、缩短供电半径、加大线路截面、增加无功补偿设备和电压调节设备、规范负荷接入等措施，解决设备重过载、低电压、三相不平衡等问题，全面提升农网供电能力和供电可靠性。2017—2021 年，兰考县域共新建 220 千伏变电站 1 座，新（扩）建 110 千伏变电站 5 座。新建改造 10 千伏线路 1240 千米，10 千伏容量增加 336 兆伏·安。

图 5-6 所示为兰考黄河滩区迁建电力线路。

图 5-6　兰考黄河滩区迁建电力线路

二、夯实状态感知基础，提升隐患故障发现能力

推进输变电设备感知能力建设。加强重要输变电设备运行环境监控，对兰考110千伏及以上重要输电线路施工外破点加装图像监控等装置，探索输电、变电新增感知设备有序接入物管平台，实现输变电设备在线运行监控和智能分析预警。完成35千伏及以上变电站网络安全在线监测覆盖，提高电网网络安全水平。开展安全生产风险管控平台延伸部署。至2020年，实现兰考110千伏及以上重要输电线路施工外破点运行环境监控覆盖；35千伏及以上变电站网络安全监测装置覆盖率100%；实现安全生产风险管控平台向县域延伸覆盖。

推进配电设备感知能力建设。加快台区智能终端推广应用，提升中低压配网运行状态全面感知水平。开展设备侧和客户侧新增感知设备全量接入、存量感知设备有序接入物管平台。推进新增设备实物ID全覆盖。对10千伏线路的分段、联络、重要大分支等位置的开关进行智能化改造，选择目标网架为单辐射的10千伏架空线路加装故障指示器、智能避雷器等，缩短停电时长，提高故障复电效率。应用人工智能、边缘计算等先进技术，提升隐患（缺陷）自动识别水平，创新配电网运维管理模式。至2020年，实现设备侧和客户侧感知终端增量接入率、县城区域存量感知终端接入率、数据覆盖率、增量设备实物ID覆盖率"四个100%"；感知终端在线率和节点装备在线率达到98%以上；兰考电网运行故障研判准确率达到80%以上。

在兰考县供电公司焦裕禄干部学院开闭所等16个开闭所内加装无线传感设备，通过物管平台接入配电自动化主站系统，依托配电自动化系统对开闭所内设备进行运行状态和环境状态监测，发生异常状

态后及时预警，实现开闭所开关柜柜内三相出线电缆接头温度监测、所内电缆进出线侧水位监测、柜体四周水浸监测、所内消防监测、所内防盗监测、所内温湿度监测等功能。

图5-7所示为国网兰考县供电公司10千伏胜利路开闭所。

图5-7　国网兰考县供电公司10千伏胜利路开闭所

三、深化智能终端应用，引领电力智慧物联示范

深化台区智能业务终端应用。加快故障精准研判与主动抢修、低压可靠性分析、台区线损分析、营配就地交互等12类台区智能业务终端高级应用部署。按照"一个台区一个终端"的原则，实现"一采多用"和"终端全覆盖、营配全交互、业务全上线"目标，扩大兰考台区智能业务终端应用规模，建成国网智能融合终端实用化示范区。规范信息接入方式，通过物管平台实现兰考变电站、开闭所、中低压线路及台区运行和状态信息标准化接入，为各类业务应用提供数据保障。扩大智慧物联接入规模，基本实现兰考现存9个35千伏及以上变电站、16个开闭所、148条10千伏线路和3689个台区生产管理和环境感知等数据全量接入。

四、深挖智能电表功能，变用户报修为主动抢修

积极利用大数据分析技术，挖掘智能电表非计量功能，提升供电服务水平。开展智能电表 HPLC 模块改造、集中器功能扩展，开展低压分支线路拓扑分析，结合 ID 通信地址关联识别技术应用，实现台区电能数据高速采集、用户停（上）电信息 1 分钟主动上传、停电故障范围精准判断、台户关系准确识别以及低电压在线监测等功能，提升台区线损精益管理水平，变用户报修为主动抢修，为低电压治理提供依据。实施营配数据贯通，提升分区域、分电压、分线路、分台区同期线损计算准确率。运用电力载波、物联网等技术，采用非侵入采集装置，示范实现 100 户居民家庭主要用电设备信息采集分析。至2021 年，"四分"同期线损月监测率达到 99% 以上；停电信息分析到户率达到 90% 以上；10 千伏线路跳闸事件上报及时率、示范区智能电表（台区总表）停（上）电事件上报及时率、示范区低电压（台区总表）上报及时率达到 80% 以上；10 千伏线路负损率、400 伏台区负损率小于 0.1%。

五、实施一键顺控改造，实现开闭所操作智能化

2020 年 12 月 7 日，随着胜利路开闭所胜 5 板开关的顺利分合，标志着河南省内首个 10 千伏开闭所进入了"一键顺控"智能操作时代。开闭所"一键顺控"的实现，改变了传统配网操作模式，真正实现了无人值守，缩短了倒闸操作时间，提高了检修操作效率，避免因操作发生意外可能引起的人身伤亡事故，大大提高了运维安全性。同

时，通过在断路器的动触头上下触臂加装无线测温传感器，可实时监测断路器梅花触头位置温度，结合电流数值评估梅花触头位置接触状态。通过在断路器室、电缆室加装视频摄像头，可实时查看柜内断路器电动底盘车和电动接地刀闸的状态检视及动作轨迹，可用于远程巡视。通过增设 2 个点位的枪型摄像机、2 个点位的球型摄像机，可对开闭所进行实时视频监控。

图 5-8 所示为国网兰考县供电公司 10 千伏黄河路开闭所。

图 5-8　国网兰考县供电公司 10 千伏黄河路开闭所

六、推进配自系统建设，实现配网运行实时监控

随着电网建设的快速发展，配电自动化系统在电网安全可靠运行中所起的重要作用日益突出。国网兰考县供电公司在农村 65 条线路加装故障指示器约 478 套，在配电自动化后台开展监控，快速定位故障点，有效减少了故障发生后线路巡视人员巡视线路所需时间，确保抢修时间效率。加装配电开关监控终端（简称 FTU），与配电自动化主站通信，可提供配电系统运行情况和各种参数。执行配电主站下发的命令，对配电设备进行调节和控制，实现故障定位、故障隔离和非

故障区域快速恢复供电等功能。FTU 设备加装完成后，可有效缩小停电面积，实现在远方直接查看故障信息，快速定位故障区间。

第三节　提升用户智慧用能 获得感，打造智慧能源场景

瞄准用户用能服务体验感不足问题，国网河南省电力公司积极打造农村特色用能场景，通过加装智能感知设备，可实时对用户用能问题进行分析诊断，为用户提供个性化、实用化解决方案，提高用户智慧用能获得感。

一、以能效提升为抓手，打造商业智慧用能样板

兰考新世纪量贩有限公司是兰考最大的综合性商品零售服务公司之一，位于兰考境内省道 S313 旁，面积约 12000 平方米，主体建筑共两层，一层为购物、餐饮区，二层北部为办公区，南部电影院，东侧楼为变压器室、主配电室、消防监控室及中央空调主机室，商场西侧为停车场。

兰考新世纪量贩有限公司主要能源消耗为电力，主要用电设备为空调机组、照明灯具、电梯及其他辅助性设备。商场每月用电量为 5 万千瓦·时至 6 万千瓦·时，制冷高峰期和制热高峰期月用电量可达 10 万千瓦·时，使用的是普通工商业电价。共有两台 1250 千伏·安的专用变压器为其供电，10 千伏进线经变压器变为 380 伏动力电，通过分线箱接入抽屉开关，由抽屉开关为各个用电区域供电。

图5-9所示为兰考新世纪量贩有限公司外景。

图5-9　兰考新世纪量贩有限公司外景

根据能源消耗现状，通过对配电分项监测、环境监测与空调能效监测，可实时监测电力运行与能源消耗状况，从而找出能耗占比最高项，列为企业的重点节能方向，进一步发掘节能空间，为制定调整、优化方案提供科学依据和分析手段。

配电分项监测是把电力消耗按照照明、空调、动力与特殊用电进行分项监测。由于配电室的电力分配已基本做到了分项设计，因此本方案通过在配电室内配电柜的各个出线回路加装具备远传功能的用电信息采集单元，并配置1台数据网关来实现配电的分项监测。用电信息采集单元实时采集各负荷的电压、电流、功率因数、用电量等电气量数据，并把采集到的数据上传到物联网关，网关通过公网传输到能源互联网监管平台。

环境监测分为配电室环境监测与商场环境监测，配电室环境监测包括配电室温湿度及水浸状态监测，商场环境监测包括商场内外温湿度、人流量、照度等监测。通过在配电室、商场内外安装各类传感器（温湿度传感器、照度传感器、人流量传感器等），与数据网关连接，实现环境数据采集与上传。

空调能效监测是根据现场空调监控设备配置，通过在空调中央触控面板网络接口连接通信转接模块，来实现空调中央控制器的指令数据（冷热量、流量、压力、温度等数据）上传，数据上传至能源互联网系统平台，平台通过收集到的基础数据计算冷机效率、单位面积空调耗能、单位面积空调耗冷量等指标。

二、以服务发展为抓手，打造农业智慧用能样板

兰考县奥吉特生物科技股份有限公司是一家以双孢菇（白蘑菇和褐蘑菇）的基料生产、种植、深加工与销售为一体的科技股份有限公司，位于兰考县张庄村。

图 5-10 所示为兰考县奥吉特生物科技股份有限公司厂房。

图 5-10　兰考县奥吉特生物科技股份有限公司厂房

奥吉特生物科技股份有限公司所消耗的能源以电力为主，主要耗电设备是生产用中央空调和存放蘑菇的冷库，正常生产时空调总功率

为 500 千瓦，每月电费约为 10 万～20 万元。厂区有两台专用配电变压器，分别为 1250、630 千伏·安。

根据企业能源消耗情况，从用电监测方面进行设计，通过实时监测主要用电设备的能源消耗状况，找出能耗异常、占比最高部分，列为企业的重点关注方向，发掘节能空间，为制定调整、优化方案提供科学依据和分析手段。

对厂区变压器下辖各回路进行用电信息监测，对原有表计不做改动，在不影响园区正常生产的前提下，在各用电处加装远传用电信息采集单元，并通过数据网关将采集的数据上传到能源互联网平台。通过平台实现用能监测、基础电能计量、报表统计、能耗分析等功能，为节能降耗提供基础数据和决策依据。根据现场空调监控设备配置，通过加装一个转接模块实现与空调触控面板的通信，从而读取控制面板内存储的数据。

本项目实施后，奥吉特生物科技股份有限公司年节约电费约 30 万元，有效降低了用能成本，提高了生产积极性，产生了良好的经济效益和社会效益。

三、以服务民生为抓手，打造居民智慧用能样板

张庄村位于九曲黄河的最后一弯东 4 千米处，隶属于兰考东坝头镇，由 13 个村民组，4 个自然村组成，共计 711 户、2963 人，耕地面积 4800 亩。张庄村曾是兰考最大的风口，沙丘遍布，土地贫瘠，收成低，人们生活困难，也是焦裕禄在治理"三害"的一线指挥部。经过全县干群多年的努力，兰考已发生了翻天覆地的变化。2019 年 7 月 28 日，张庄村入选首批全国乡村旅游重点村名单。

图 5-11 所示为兰考县东坝头镇张庄村幸福路。

图 5-11　兰考县东坝头镇张庄村幸福路

张庄村消耗能源以电力为主，每月用电量约为 39200 千瓦·时，主要用电负荷为居民用电与照明用电，同时张庄村内有一所小学和一座醋厂，在村委会内建设有充电桩。张庄村内电动汽车较多，整个乡村以旅游业为主，居民家用电器主要包含空调、冰箱等常用电气设备。

根据张庄村用能情况，政府和国网河南省电力公司做好协同，合力打造电气化特色村镇、休闲农业及乡村旅游示范样板、民宿发展示范样板。建设充电桩、分布式光伏发电站、储能等设备，对党校空气源热泵或电采暖改造，对变压器及低压配套设施进行升级。安装 100 块非侵入电表，建设居民非侵入式用电监测模块，实现对居民用户的用能行为精准画像，精准分析用户用能行为习惯。

第六章　实现农村发展普惠化，让兰考人民用起"致富能"

　　"推动农村能源体制革命，建立经济可持续的清洁能源开发利用模式"是兰考农村能源革命试点的一项重点建设任务。根据《总体方案》，到 2021 年，清洁能源生产和消费体系基本确立，多方合作、互利共赢、经济可持续的市场化清洁能源开发利用模式基本运行。

　　为此，以政府推动、企业主导、居民可承受为原则，通过创新体制机制，充分发挥市场作用，优化风能、太阳能等资源配置方式，推进分布式发电市场化交易和城镇燃气管网公平开放，构建可再生能源就地转化、就地利用的生产和消费体系，探索建立经济可持续的清洁能源开发利用模式，实现能源变革红利惠及人民群众。国网河南省电力公司持续聚焦农村能源转型升级面临体制机制不完善问题，全面履行政治责任、经济责任和社会责任，不折不扣贯彻落实中央决策部署，加快推进电力市场建设，破解农村用电体制难题，创新清洁能源开发利用模式，让"经济能"助力兰考强县富民。

第一节　理顺用电建管体制，
最大化发挥农田机井效能

针对灌溉用电设施不足、管护组织缺失、管理体制不顺等井灌区难点问题，河南省人民政府出台文件，各方认真贯彻落实，历史性解决了机井用电设施管理体制不顺、责任分工不清、农民得不到实惠等"老大难"问题，对保障国家粮食安全、减轻农业生产用电负担、助推乡村振兴战略意义重大。

一、聚焦难点分类施策，切实保护种粮农民利益

2020 年 3 月 10 日，河南省人民政府办公厅印发《关于印发河南理顺农业灌溉用电设施建管体制实施方案的通知》（豫政办〔2020〕4号），聚焦灌溉用电难点问题，持续减少存量、坚决杜绝增量，加大投资力度，理顺管理体制，加强监管执法，力争在 2023 年 2 月底前解决全省农业灌溉用电价格较高的问题，为确保国家粮食安全、促进农民增产增收提供支持。

建立台账、统筹整改。在集中排查已建高标准农田重点设施的基础上，着重摸清本地农业灌溉用电设施、灌溉用电价格较高农田的底数。2020 年 6 月底前建立本地加强农业灌溉用电设施专项整改台账，分类确定建设、改造总任务，明确时间表、责任人，优先解决农业灌溉用电设施不足问题。省农业农村厅会同省发展改革委、水利厅、电力公司，按照经济适用、安全可靠、先易后难的原则，分新建、存量

两种类型，制定农业灌溉用电设施建设标准及验收移交程序，并组织各地开展专项培训。

杜绝增量、理顺体制。从 2020 年 3 月起，新增的农业灌溉配套 10 千伏线路和配电变压器设施由国网河南省电力公司投资建设，10 千伏以下低压线路由县级政府整合涉农水资金建设。使用政府性资金建设的农田水利设施建设项目，凡涉及农业灌溉用电设施的，竣工验收合格后，10 千伏线路和配电变压器设施无偿交由电网企业运维和经营管理，10 千伏以下低压线路交由农民用水合作组织管护，未组建农民用水合作组织的暂由村级组织代管。

减少存量、分类实施。建立农业灌溉及用电设施清单。属于政府性投资且产权关系清晰、符合建设标准的 10 千伏线路和配电变压器设施，在 2020 年年底前由县级政府统一无偿移交给县级电网企业；产权关系不清、暂不符合建设标准的，在 2022 年 6 月底前由县级政府负责厘清产权关系、完成向县级电网企业移交工作；国网河南省电力公司将有序升级改造，并于 2023 年 2 月底前全部完成。农业灌溉用电设施中的低压供电设施不符合建设标准的，要纳入县级高标准农田建设等规划，逐年改造，符合标准后交由农民用水合作组织管护，未组建农民用水合作组织的，暂由村级组织代管。对愿意移交的个人或社会资本等投资建设的农业灌溉用电设施，县级政府要妥善处理产权、收益等问题。

完善机制、加强管护。结合农业水价综合改革、水利工程建管体制改革等工作，组建农民用水合作组织，加快建立完善农业灌溉用电设施管护机制，通过农业水价综合改革等渠道解决低压供电运维费用，确保农业灌溉机井及低压供电设施长期良性运行。电网企业加强对接收或建设的农业灌溉用电设施的管护，确保安全供电，增加的电网运行维护费用由省级负责统筹解决。

图6-1所示为兰考县农民正在收割成熟的庄稼。

图6-1　兰考县农民正在收割成熟的庄稼

二、快速有序落地实施，增强农业用电保障能力

为落实河南省人民政府建管体制实施方案精神，2020年3月13日，国网河南省电力公司召开农田机井通电工作电视电话会议，随后又先后2次召开农业灌溉排查专题会议，积极开展机井设施排查工作。2020年3月14日，国网河南省电力公司印发《加强农村机井通电设施建管工作实施意见的通知》（豫电办（2020）135号）。随后，国网河南省电力公司组织编制《河南省农田机井通电工程典型设计图集》，对农业灌溉用电标准提出具体要求，切实提升农业生产用电保障能力。

　　国网兰考县供电公司积极对接兰考县发改委、农业农村局及水利局，第一时间制定《加强农田机井用电设施建管工作实施方案》，编制机井农排台区排查方案，理清普查整改工作职责分工，编制县、乡联系人通信录，成立"排查专项小组"，组织各部门、各供电所与乡（镇）政府、县农业农村局建立沟通机制，做好沟通对接，及时获取"高标准农田建设清单"。

　　对于存量部分，按照"产权关系明、设备状况明、线路运行情况明，坐标位置清、机井数量清、接入公用线路清"标准逐个排查，形成台区线路图、区域单线图、区域电力设施卫星矢图、台区情况现状表、改造需求表等"三图两表"，将涉及 10 千伏线路、台区、机井位置精准标注在卫星矢图上，形成高标准农田电力配套设施信息数据库。同时，对 10 千伏主要设备进行安全评估，按照无问题可接收台区、需整改台区、产权不清台区等分级分类，形成问题台账，做到"一个台区一套台账、一口机井一组资料"。

　　对于增量部分，严格按照统一标准建设。机井供电与居民用电分离，独立设置变压器。10 千伏台区采用配电房式，配电变压器和配电箱安装在专用配电房内，同时安装防盗装置，保障用电和设施安全。10 千伏线路用架空线路，低压线路采用 1 米深地埋线模式，并在机井口设置地埋线出线小井房，一线一井、一井一泵、一泵延伸设置多个出水口，既方便使用，又减少安全隐患和大型农机作业障碍。机井用电统一采用预付费表计量，在配电房集中装设，一线一表、一表多卡、户户持卡、刷卡用电。10 千伏配电变压器容量根据所带机井深度、数量和电机功率确定，以 100 千伏安、200 千伏安为主，原则上每个配电区所带机井数量不超过 15 眼，平均每眼机井灌溉农田约 50 亩、距配电房一般不超过 500 米。

图 6-2 所示为国网兰考县供电公司焦裕禄共产党员服务队队员帮助农民灌溉。

图6-2　国网兰考县供电公司焦裕禄
共产党员服务队队员帮助农民灌溉

国网兰考县供电公司高质量排查梳理了全县农业灌溉台区 1543个、供电机井 15939 眼。2020 年政企合作推进"高标准农田"建设，涵盖 8 个乡镇、12.5 万亩农田。截至 2021 年 1 月，44 个单项工程全部完工，新建改造 10 千伏线路 36.77 千米，新建改造配电变压器 108台、容量 10.6 兆伏·安，完成 1656 眼机井通电。

农田机井通电确保了农田及时灌溉，显著降低了农田灌溉劳动强度，灌溉费用明显减少，为实现旱涝保收、高产稳产提供有力保障。按照河南现行柴油价格和排灌电价，平均每亩每年用电灌溉比柴油机灌溉节省约 60 元，全县农民群众一年节约 6696 万元，有效促进农民节支增收。

第二节　创新能源发展机制，
最大化激发农村内生动力

兰考充分发掘全国首个国家级普惠金融改革试验区优势，以政府推动、企业主导、居民可承受为原则，创新体制机制，积极探索可再生能源开发利用模式，充分发挥市场作用，把能源发展与促进农民增收、壮大集体经济结合起来，激发农村内生动力，服务美丽乡村建设，夯实基层组织基础，推动乡村振兴战略实施。

一、探索股份合作机制，推动风电收益惠及群众

兰考县坚持政府引导、市场运作、农民参与、平等自愿的原则，以企业为龙头，以产业为平台，以股权为核心，以农民为主体，大力发展农民参股入股的"普惠金融＋股份制"风电开发新模式，发挥能源对经济社会的支撑带动作用。

一是确立投资主体。由风电开发企业、兰考县政府平台公司、村合作社共同组建项目公司，依法订立合同或者协议，在风电企业、政府平台、村合作社，建立起"利益共享、风险共担"的股份合作联结机制。村合作社由风电项目涉及的村所在乡镇协调筹建。

二是明确资金来源。项目资本金占总投资的20%，由风电开发企业、村合作社、政府平台公司分别按80%、15%、5%比例出资，共同组建项目公司，村合作社资金来源于农民自有资金或农民普惠

金融贷款等，农民自愿参股入股村合作社项目。项目总投资的80%为银行贷款融资，兰考县政府向合作银行协调争取为项目提供基准利率金融贷款，利率下降部分节约的财务成本可部分作为农户收益。

三是明确分红机制。风电开发企业、村合作社、政府平台公司根据持股比例分红。风电项目公司在完成按比例给政府平台公司、村合作社股东分红后，剩余利润归风电开发公司所有。政府平台公司分红的一半可作为村集体收入。村合作社出资所占股份为优先股，享有当年开始分红权益。

四是建立运行机制。采用"经营主体＋政府平台＋农户"的基本经营模式，依法订立合同或者协议，建立起"利益共享、风险共担"的股份合作联结机制，兰考县政府及风电项目经营主体将项目存在的潜在风险充分告知参股入股农民。

图6-3所示为正在运转的兰考风力发电机组。

图6-3 正在运转的兰考风力发电机组

二、探索代建合作机制，推动光伏收益惠及群众

兰考利用农村闲置屋顶开展"普惠金融＋代建制"的光伏开发新模式，可有效解决农户资金不足问题，在推动农村普惠金融的同时，可助力推广清洁能源利用，增加农民的经济收入，创造资产收益。

一是确立投资主体。建设投资资金由政府平台公司、农户分别按一定比例出资，光伏开发企业负责项目建设、后期运维和为村民申请普惠金融贷款担保。政府平台公司、农民及承接经营主体相互之间按照股权设置和量化的要求，协商一致，确定合作项目、合作方式、合作股份、利益分配方式及违约责任等事项。

二是明确资金来源。由政府平台公司、农户分别按 10%、90% 比例出资，兰考县人民政府可整合产业扶贫和其他相关涉农涉牧资金，统筹解决股份制合作光伏项目建设资金问题。农户资金来源于普惠金融贷款，利率为 6.75%（普惠金融利率），15 年内还本付息。兰考县政府积极向国家开发银行、中国农业发展银行等银行争取普惠金融优惠贷款，为农户解决资金问题。

三是明确收益分配。政府平台投资股份收益全部归农户所有，且政府建立保险服务平台为全县"普惠金融＋代建制"光伏项目购买财产安全保险。还贷期结束后，光伏电站资产及收益均归农户所有，农户一次性返还政府平台公司出资部分。

四是建立运行机制。兰考县政府负责确定建设主体，建设主体在光伏工程建设和运营过程中代表政府承担相应责任权力，光伏发电项目建成后由专业检修公司进行检修维护，还贷期结束后光伏电站项目资产和发电收益归农户所有。

图 6-4 所示为兰考县仪封镇秦寨村扶贫光伏。图 6-5 所示为国网兰考县供电公司焦裕禄共产党员服务队为村民讲解光伏扶贫政策。

图 6-4　兰考县仪封镇秦寨村扶贫光伏

图 6-5　国网兰考县供电公司焦裕禄
共产党员服务队为村民讲解光伏扶贫政策

三、建立公平开放机制，切实降低用户用气成本

兰考紧跟国家油气体制改革步伐，实施"气化兰考"工程，推进"管住中间，放开两头"的体制改革，完善加强政府对城镇燃气管网的监管服务，鼓励和支持燃气管网设施运营企业、上游用户和下游用户积极参与市场竞争，在保障安全稳定运行的前提下，推进城镇燃气管网公平放开。

一是确定参与主体。监管部门是兰考县人民政府及相关主管部门。推动中原豫资投资控股集团有限公司与河南天伦燃气集团有限公司合作，成立兰考豫天新能源有限公司，负责燃气管网设施运营。上游企业是生物天然气厂和管道天然气源公司。

二是构建公平开放机制。推动管网设施公开准入和投资主体多元化，允许和鼓励各类符合条件的资本参与建设和运营。推动设施运营与其他燃气业务分离，对燃气管网设施的运营业务实行独立核算。推动公平接入和市场开放，支持燃气管网设施互联互通和公平接入，实现天然气资源在不同管网设施间的灵活调配。向新增用户公平、无歧视地开放使用燃气管网设施。鼓励以自行协商或委托代理等方式由不同市场主体的上游用户向下游用户直接销售天然气。

三是改革价格形成体系。加强对管道运输价格和城市配气价格监管，及时开展成本价格核算工作，切实降低下游用户用气成本。建立居民独立采暖气价，并统筹研究解决低收入用气家庭、"煤改气"农村家庭补贴问题。利用好中央补助资金，加大对清洁取暖"煤改气"支持力度，完善政策措施。

四是强化安全保障机制。推进县域天然气管网与国家、省级管网

互联互通，形成多气源管道网络供应体系，提高资源供应保障能力。天然气销售企业拥有不低于其年合同销售量10%的储气量，以满足所在市场季节（月）调峰及应急状况时的用气。细化"压非保民"分级应急预案，明确不同级别的启动条件和压减次序。

五是加强服务监管机制。燃气管网设施运营企业每半年向政府主管部门报送燃气管网设施相关情况。政府主管部门不定期抽查燃气管网设施运营企业信息公开，按照有关规定对违规企业进行惩戒。

图6-6所示为兰考县谷营镇燃气站。

图6-6　兰考县谷营镇燃气站

第七章　建设展望

　　兰考是焦裕禄精神发源地，是习近平总书记第二批党的群众路线教育实践活动联系点，也是全国首个农村能源革命试点建设示范县，承担着探索新时代县域能源转型新路子的重要使命。

　　三年多来，河南省发展和改革委员会、河南省能源局、国网河南省电力公司、兰考县人民政府等各方深入贯彻"四个革命、一个合作"能源安全新战略、乡村振兴战略，推动农村资源能源化、用能低碳化、能源智慧化、发展普惠化"四化转型"路径实践，探索形成了一条以能源互联网引领农村能源转型变革的新路子，为全国农村能源革命提供了"兰考模式"，为乡村振兴"农业强、农村美、农民富"目标实现提供了坚强能源保障。

　　三年多来，经过不懈奋斗和日夜奋战，兰考农村能源革命试点取得突破性进展和阶段性成就，建设成效和经验先后得到河南省委省政府、国家能源局、国家电网有限公司、中国工程院等的高度肯定，2020 年被列为河南省和国家电网有限公司"十四五"战略框架合作协议五项重点任务之一，参加"第三届数字中国成果展"和"第四届可再生能源并网技术与政策论坛"，并得到与会专家高度评价。

——实现农村资源能源化，让兰考人民用足"本地能"。以"推动农村能源生产革命，增加清洁能源供给""推进城乡废弃物能源化利用，促进美丽乡村建设"为中心，大力实施新能源电厂建设、垃圾和生物质发电厂建设、新能源发电送出配套、县域全品类能源监测体系建设、虚拟电厂示范建设等多项行动，充分挖掘兰考风、光、生物质等可再生能源资源潜力，充分发挥电网优化资源配置平台作用，全面推进农村资源能源化，大力推动农村由消费终端向生产前端转变，实现兰考能源消费需求主要依靠本地清洁能源满足，初步建成多元驱动、清洁低碳、经济可持续的农村能源供给体系。

——实现农村用能低碳化，让兰考人民用上"清洁能"。以"推动农村能源消费革命，扩大清洁能源消费"为中心，始终坚持清洁低碳发展原则，推进能源消费结构调整，创新能源消费模式，在供暖、交通、农业生产、生态旅游等重点用能领域，扩大清洁能源消费，助力农村能源消费低碳化。聚焦乡村振兴用能需求保障问题，围绕农业现代化、生活电气化、交通绿色化以及特色产业发展等重点用能领域，深度实施电能替代，做好电网配套及延伸服务，支持多元主体灵活便捷接入，促进用能方式转型升级，让"清洁能"助力兰考县域高质量发展。

——实现农村能源智慧化，让兰考人民用上"舒心能"。以"推动农村能源技术革命，提升智能化用能水平"为中心，坚持实事求是、实用实效原则，以构建"互联网＋"智慧能源体系为方向，以坚强智能电网为基础平台，将先进信息通信技术、控制技术与先进能源技术深度融合应用，聚焦农村未来个性化、综合化、智能化服务需求，通过数字电网打造、数字管理创新，初步实现电网状态全感知、企业管理全在线、运营数据全管控，让"舒心能"提升兰考用能体验。

　　——实现农村发展普惠化，让兰考人民用起"致富能"。以"推动农村能源体制革命，建立经济可持续的清洁能源开发利用模式"为中心，以政府推动、企业主导、居民可承受为原则，通过创新体制机制，充分发挥市场作用，优化风能、太阳能等资源配置方式，探索推进分布式发电市场化交易和城镇燃气管网公平开放，构建可再生能源就地转化、就地利用的分布式生产和消费体系，探索建立经济可持续的清洁能源开发利用模式，实现能源变革红利惠及人民群众，让"经济能"助力兰考强县富民。

　　这些，得益于习近平总书记"四个革命、一个合作"能源安全新战略的正确指引，得益于国家致力于构建清洁低碳、安全高效的能源体系良好的政策环境，得益于河南省委省政府、国家能源局、国家电网有限公司多方的大力支持，得益于兰考87万人民的不懈奋斗。

　　但我们也必须清醒地看到，农村能源革命发展的基础仍然不够坚强，农村能源转型成本偏高的问题仍然较为突出，农村能源市场化的运作模式仍需加强。特别是在"碳达峰、碳中和"成为国家战略的时代要求下，推动形成适合中国国情，有更强新能源消纳能力的新型电力系统势不可挡，我们面临的转型压力更大、时间更紧迫、任务更繁重。

　　同时，我们也面临着难得的历史机遇，"碳达峰、碳中和"目标和乡村振兴战略正在全面推进，数字革命和能源革命相融并进，兰考新型电力系统示范区建设正在深入推进，郑汴兰一体化战略为兰考插上了腾飞的引擎，这些都为高质量推进兰考农村能源革命提供了源源不断的发展动力。

　　未来，我们将深入贯彻习近平总书记关于河南工作的重要讲话和批示指示精神，认真践行习近平生态文明思想和"四个革命、一个合作"能源安全新战略，紧紧围绕乡村振兴目标，对标"碳达峰、碳中和"要求，坚持"绿色低碳、生态优先""城乡融合、协同推进""因地制宜、分类实施""创新引领、多能互补"原则，力争用 3 到 5 年时间，探索形成多能互补、城乡统筹的农村能源生产消费新模式，农村能源基础设施更加完善，农村能源供给结构更加优化，能源优化配置和综合服务能力明显增强，形成以清洁能源为主的能源供应消费体系，全面实现资源能源化、供给多样化、生产清洁化、消费绿色化，有力支撑乡村生态振兴、现代农业发展和美丽乡村建设，群众用能的获得感、幸福感、安全感进一步提升，为"碳达峰、碳中和"目标实现奉献"兰考行动"，为乡村全面振兴能源保障提供"兰考模式"。

大 事 记

2016 年 6 月，河南省承担了中国工程院"中国农村能源革命与分布式低碳能源发展专题河南案例"的课题研究工作，同时启动了"农村能源革命与河南农村可持续发展途径与模式研究"的课题。

2016 年 6 月 29 日，兰考县人民政府印发文件，成立河南农村新能源革命示范县区先行试点县工作领导小组，兰考县县长李明俊担任组长，下设办公室，办公地点设在县发展和改革委员会，统筹开展各项工作。

2017 年 4 月，中国工程院"推动能源生产和消费革命战略研究（二期）"重大咨询项目下设的"中国农村能源革命与分布式低碳能源发展"课题组组长杜祥琬院士带领课题组有关专家赴兰考，深入企业和农村就农村能源利用情况开展了广泛调研。

2017 年 12 月 24 日，河南省发展和改革委员会、能源局向国家能源局报送《总体方案》，提出了生物天然气开发利用、清洁供暖、生活垃圾无害化处理、太阳能开发建设、风能开发建设、绿色交通、美丽乡村建设以及能源互联网平台建设等八项重点任务。

2018 年 3 月 29 日，国网河南省电力公司总工程师陈红军带队，省公司发展部、营销部、经研院、综合能源服务公司等部门单位参加，与兰考县人民政府沟通参与兰考农村能源革命试点建设工作设想。

2018 年 5 月 31 日，国网河南省电力公司董事长侯清国与兰考县委书记蔡松涛就共同推进兰考能源革命试点建设举行会谈，提出"国网河南省电力公司全力支持兰考农村能源革命试点建设，希望以此次会谈为契机，正式开启双方农村能源革命试点建设合作的新起点"。

2018 年 6 月 27 日，国网河南省电力公司副总经理陈红军主持召开兰考能源互联网平台建设工作推进会，成立专项工作团队。

2018 年 7 月 23 日，国家能源局印发关于兰考县农村能源革命试点建设总体方案（2017—2021）的复函（国能函新能〔2018〕90 号），明确在兰考推进农村能源生产革命、消费革命、技术革命、体制革命以及城乡废弃物能源化利用等五方面重点建设任务。

2018 年 8 月 10 日，国网河南省电力公司经济技术研究院编制完成《兰考能源互联网平台总体功能设计》，通过由国网河南省电力公司组织的专家组评审。

2018 年 8 月 17 日，河南省发展和改革委员会向国网河南省电力公司发函，要求国网河南省电力公司协助开展兰考县推动农村能源消费革命、技术革命建设专项方案编制工作；国网河南省电力公司明确，由公司发展部牵头，国网河南省电力公司经济技术研究院负责编制 2 个专项方案。

2018 年 11 月 29 日，兰考农村能源革命试点建设启动会召开，国网河南省电力公司副总经理陈红军代表公司参加并做发言；会上，国网河南省电力公司经济技术研究院牵头编制的兰考县推动农村能源消费革命、技术革命建设专项方案，通过兰考县农村能源革命试点建设专家委员会审查。

2019 年 3 月 6 日，河南省发展和改革委员会副主任、能源局局长高义在兰考调研时要求平台建设提速，一期功能（能源数据库和能源监测中心）于 2019 年 7 月上线试运行。

2019 年 4 月 17 日，国家电网有限公司下发《泛在电力物联网 2019 年建设方案》，兰考能源互联网综合示范项目成为公司五个县级能源互联网综合示范任务之一。

2019 年 4 月 25 日，《兰考能源互联网平台建设（一期）详细设计》通过兰考县人民政府专家组审查，平台（一期）进入开发阶段。

2019 年 5 月 16 日，兰考县人民政府组织召开能源互联网平台数据接入推进协调会，初步建立平台数据归集机制。

2019 年 5 月 31 日，国网河南省电力公司科技互联网部组织国网河南省电力公司经济技术研究院编制完成《兰考能源互联网综合示范项目可行性研究报告》，上报国家电网有限公司。

2019 年 6 月 13 日，国家电网有限公司在北京组织召开泛在电力物联网综合示范项目讨论会，会上审查《兰考能源互联网综合示范项目可行性研究报告》。

2019 年 6 月 30 日，兰考能源互联网平台一期（能源数据库、能源监测中心）完成项目开发，提交软件测试申请。

2019 年 7 月 13 日，兰考能源互联网平台（一期）建设成果向国网河南省电力公司总信息师魏胜民进行汇报。

2019 年 7 月 25 日，国网能源互联网技术研究院院长王继业来国网河南省电力公司调研，听取兰考能源互联网平台（一期）建设成果汇报。

2019 年 9 月 20 日，国网河南省电力公司成立项目部，制定兰考能源互联网综合示范项目"百日攻坚"计划。

2019 年 10 月 15 日，国网河南省电力公司董事长王金行调研兰考能源互联网综合示范项目，听取项目工作汇报，观看兰考能源监测中心系统展示，对后续推进工作做出指示。

2019 年 10 月 30 日，河南省发展和改革委员会副主任、能源局局长高义调研兰考农村能源革命试点建设情况，听取兰考能源互联网平台（一期）建设成果汇报。

2019 年 10 月 31 日，国网河南省电力公司副总经理张中青调研兰考能源互联网项目推进情况并召开座谈会，听取落实王金行董事长调研指示情况。

2019 年 11 月 22 日，国网河南省电力公司总经理王刚调研兰考能源互联网综合示范项目推进情况，进一步明确综合示范项目定位、综合示范建设内容、职责分工以及运营中心建设要求。

2019 年 12 月 30 日，兰考能源互联网平台"一库三中心"基本功能开发工作完成。

2020 年 3 月 16 日，国网河南省电力公司第六次总经理办公会审议通过《河南兰考能源互联网综合示范项目提升工作方案》，聚焦"四个全面夯实"助力"能源四化转型"工作总基调，从能源生产清洁化、能源运行智慧化、能源消费电气化、能源服务便捷化四方面，提出 12 类重点任务 32 项具体工作，打造农村能源革命典范。

2020 年 4 月 15 日，国网河南省电力公司总经理王刚主持召开兰考能源互联网综合示范提升工作 2020 年第一季度推进会，听取国网河南省电力公司经济技术研究院关于《兰考农村能源互联网发展规划研究》的汇报。

2020 年 5 月 8 日，国网河南省电力公司董事长王金行在兰考调度大厅听取兰考农村能源互联网建设情况的汇报，以"四个革命、一个合作"能源安全新战略为指引，立足河南农业大省定位，突出农村能源发展特色，以"推动'四化'转型、提供'四电'服务"为总体思路，打造公司战略目标县域落地的"试验田"。

2020 年 6 月 4 日，国家电网有限公司党组副书记韩君在兰考听取兰考能源互联网建设情况的汇报，给予充分肯定。

2020 年 7 月 14 日，国网电网有限公司董事长毛伟明一行到河南省能源大数据中心调研，国网河南省电力公司总信息师魏胜民重点介绍了兰考农村能源互联网综合示范项目的建设背景、体系架构、功能展示、工作成效等内容。在同河南省委书记王国生，省委副书记、省长尹弘会谈时提出，打造兰考全国农村能源互联网综合示范样板。

2020 年 8 月 4 日，国网河南省电力公司总经理王刚主持召开兰考能源互联网综合示范提升工作 2020 年二季度推进会，听取国网河南省电力公司经济技术研究院关于《打造兰考全国农村能源互联网综合示范样板行动方案》的汇报。

2020 年 10 月 10 日，河南省能源局副局长丁志强一行人到国网兰考县供电公司开展调研，听取相关汇报，并给予高度肯定。

2021年4月8日，国网河南省电力公司总经理王刚在主持召开兰考能源互联网综合示范2021年提升工作推进会及豫中片区互联网工作推进座谈会，听取关于兰考能源互联网平台优化建设、碳交易及乡村振兴工作情况等多项内容。

2021年4月20日，国网河南省电力公司董事长王金行一行赴兰考召开"学习党史守初心、传承精神办实事"主题调研会，听取兰考能源互联网综合示范工程相关汇报，提出以建设全国综合示范样板为总体目标，推进示范工程再提升，加快推进县域新型电力系统构建。

2021年5月20日，国网河南省电力公司印发《兰考能源互联网综合示范2021年工作方案》（豫电互联〔2021〕295号），提出32项重点任务清单，扎实推进"一中心一平台五示范"专项工作，助推农村能源革命试点建设圆满收官。

2021年7月7日，河南省发展和改革委员会印发《关于进一步推进农村能源革命试点示范的指导意见》，在兰考等国家农村能源革命试点的基础上，进一步推进全省农村能源革命试点示范，助推脱贫攻坚与乡村振兴有效衔接。

2021年7月14日，英大国际信托有限责任公司副总经理马亚军一行人赴兰考察，探讨兰考农村能源革命试点合作可能性。

2021年9月15日，国家电网有限公司副总工程师冯凯、国网河南省电力公司总经理钟筱军赴兰考调研，探讨在兰考试点建设县域新型电力系统示范区。

2021年10月12日，国家乡村振兴局黄艳司长、国家能源局康国珍处长等到兰考能源互联网运营指挥中心调研，听取了兰考县农村能源革命试点建设情况汇报，重点了解了打造全国农村能源互联网综合示范、清洁能源开发利用、乡村振兴指数、城乡空心化率、县域全品类能源大数据建设、农村能源运行监测等工作。

2021年11月11日，国网河南省电力公司总工程师宋伟带队赴兰考调研，与兰考县政府共商新型电力系统示范区建设事宜。